新时代劳动教育系列教材

专家指导委员会主任 **石连海** 总主编 **李岑虎**

LAODONG JIAOYU SHIJIAN JIDI YUNYING YU GUANLI

劳动教育实践基地运营与管理

主　编◎李岑虎　张会臣
副主编◎刘东波　罗　瑛　唐文慧　张双军

北京·旅游教育出版社

图书在版编目（CIP）数据

劳动教育实践基地运营与管理 / 李岑虎，张会臣主编. -- 北京：旅游教育出版社，2023.8
新时代劳动教育系列教材
ISBN 978-7-5637-4560-9

Ⅰ．①劳… Ⅱ．①李… ②张… Ⅲ．①劳动教育－教育实践－教学研究 Ⅳ．①G40-015

中国国家版本馆CIP数据核字(2023)第060789号

新时代劳动教育系列教材

劳动教育实践基地运营与管理

李岑虎　张会臣　主编

刘东波　罗瑛　唐文慧　张双军　副主编

总策划	丁海秀
执行策划	陈卫伟　施云峰
责任编辑	贾东丽
出版单位	旅游教育出版社
地　　址	北京市朝阳区定福庄南里1号
邮　　编	100024
发行电话	（010）65778403　65728372　65767462（传真）
本社网址	www.tepcb.com
E - mail	tepfx@163.com
排版单位	北京旅教文化传播有限公司
印刷单位	北京柏力行彩印有限公司
经销单位	新华书店
开　　本	710毫米×1000毫米　1/16
印　　张	18.75
字　　数	236千字
版　　次	2023年8月第1版
印　　次	2023年8月第1次印刷
定　　价	88.00元

（图书如有装订差错请与发行部联系）

新时代劳动教育系列教材
顾问、专家指导委员会、编委会

顾 问

白晓泳（中国智慧工程研究会劳动教育工作委员会秘书长）

专家指导委员会

主　　任：石连海（中国成人教育协会教师继续教育专业委员会副理事长兼秘书长）

委　　员：邓德智　甄鸿启　梅　洁　黄国萍　丁海秀

编委会

总 主 编：李岑虎（中国智慧工程研究会劳动教育工作委员会委员）

副总主编：张会臣（西安新未来劳动教育实践基地创始人）

编　　委（按姓氏拼音排列）：

包永和	蔡振禹	陈　岗	陈芸先	戴家芳	戴筱筱	邓永秀	杜丽卿
杜连丰	房祥伟	房萧萧	冯景波	付　国	高　磊	高　霞	高　岩
胡毓芳	黄明秋	霍　炜	姜　源	蒋建华	康园园	孔凡平	李　昂
李本友	李　冰	李　兵	李凤堂	李广海	李护君	李金锥	李景乐
李　明	李荣强	李小玲	李兴鹏	李英英	李玉梅	李源田	李　月
李子尚	梁　雪	梁媛媛	刘东波	刘　芬	刘华杰	刘俊凤	刘乃宝
刘胜海	刘旭东	刘雁琪	刘云飞	柳翔浩	卢　阳	罗　瑛	吕　远
孟繁胜	孟　缘	米　多	齐春梅	曲国辉	任　婧	施美彬	石媚山
史晓慧	司春霞	宋垟竹	苏在中	隋国成	孙明书	孙树伟	索利刚
谭　慧	唐文慧	田宏忠	田　莹	田张珊	王　航	王俊伟	王　靓
王立龙	王挽澜	王子璇	文智丽	巫常清	吴　华	吴振利	吴子璇
夏　强	熊　旭	薛继红	杨润勇	由　杰	于　玲	袁春艳	袁铜墙
战　帅	张　栋	张双军	张　侠	张晓白	张彦来	张志生	章永平
赵芳銮	赵　蕾	赵晓炜	赵永奇	郑晓堂	周　科	周颖霞	朱厚颖

《劳动教育实践基地运营与管理》编委会

主 编

李岑虎（中国智慧工程研究会劳动教育工作委员会委员）
张会臣（西安新未来劳动教育实践基地创始人）

副主编

刘东波 罗 瑛 唐文慧 张双军

编 委

由 杰 房祥伟 梁 雪 谭 慧 李子尚 苏在中 顾 彬
张志生 张 生

总 序
FOREWORD

党的二十大报告指出："教育是国之大计、党之大计。培养什么人、怎样培养人、为谁培养人是教育的根本问题。"教育要抓什么？德育、智育、体育、美育、劳育都不可偏废。2020年3月，中共中央、国务院印发《关于全面加强新时代大中小学劳动教育的意见》，提出劳动教育是中国特色社会主义教育制度的重要内容，直接决定社会主义建设者和接班人的劳动精神面貌、劳动价值取向和劳动技能水平。2022年4月，教育部正式印发《义务教育课程方案》，将劳动教育从原来的综合实践活动课程中完全独立出来，并发布《义务教育劳动课程标准（2022年版）》。2022年9月起，劳动课正式成为中小学的一门独立课程。在"双减"大背景下，国家对劳动教育的重视与日俱增，很多综合实践教育基地陆续开展劳动教育课程。在劳动教育全面铺开的背景下，却面临着高素质劳动教育指导教师短缺的问题。因此，开展劳动教育指导教师培训、编写相关培训教材迫在眉睫。

2022年7月31日，我们受旅游教育出版社之邀，与李岑虎、王立龙、石媚山等30多位来自行业、企业、院校的资深专家齐聚北京，研讨并启动全国首套新时代劳动教育系列教材编写与出版工作。本套教材由本人担任专家指导委员会主任，中国智慧工程研究会劳动教育工作委员会委员李岑虎担任总主编，各教研院校学科带头人、行业专家担任分册主编、编委，组成系列教材编委会。

"新时代劳动教育系列教材"包括《劳动教育概论》《劳动教育课程设计》《劳动教育教学方法》《劳动教育实践基地运营与管理》《劳动教育安全管理》《劳动教育案例选评》6本，编写阵容强大，突出理论与实践的结合。本套教材主要具有以下特点：

一、全国首套，理念先进

作为国内首套新时代劳动教育系列教材，本套教材涉及劳动教育性质和基本理念、目标和内容、关键环节和评价、规划和实施、条件保障与专业支持等内容。在已有的知识体系框架基础上，我们尝试传递更多、更系统的知识内容，同时根据不同年龄阶段学生的身心发展特点、认知水平设计教材教学内容，尽可能实现内容的横向和纵向贯通。

二、体系完整，科学规范

本套教材从基础性的劳动教育概论开始，由浅入深，遵循教育学的基本理论，同时也注重课程设计、教学方法、基地运营、安全管理等实操能力的培养。在编写过程中，我们认真深入研读国家政策文件，确定本套教材的重点、难点及需要注意的事项，并组织编写团队多次到学校、实践基地调研，致力于将政策文件层面的要求与实际需求相融合，贴合国家关于劳动教育的教学要求。

三、案例教学，实操性强

为方便教学，教材中引入大量案例。这些案例均来自学校、劳动教育基地，参考性强，真正做到以案例引入学习，以案例增进理解，以案例引导实操。

四、立体呈现，资源丰富

教材通过二维码链接了微课、视频、图文等富媒体资源，读者只需用手机扫码，就能够轻松浏览。

本套教材既可作为全国大中小学劳动教育指导教师培训教材，也可作为各类劳动教育实践基地专业培训用书，同时还可作为劳动教育研究机构的参考用书。

作为全国首套新时代劳动教育系列教材，在劳动教育发展日新月异的时代背景下，书中如有缺陷与不足，恳望读者指正，我们将在再版过程中予以完善与修正。

中国成人教育协会教师继续教育专业委员会副理事长兼秘书长　石连海

2023 年 8 月

前 言

FOREWORD

2020年3月20日，中共中央、国务院印发《关于全面加强新时代大中小学劳动教育的意见》，指出：多渠道拓展实践场所。大力拓展实践场所，满足各级各类学校多样化劳动实践需求。2022年10月16日，习近平总书记在中国共产党第二十次全国代表大会报告《高举中国特色社会主义伟大旗帜　为全面建设社会主义现代化国家而团结奋斗》中又提出了关于劳动教育的重要论述。经过近三年的发展，全国各地新建、扩建、改建的劳动教育实践基地风起云涌，如雨后春笋，蓬勃而出。新兴的劳动教育实践基地、综合实践基地、青少年校外活动场所、学校劳动实践场所、学农实践基地等机构，充分发挥自身专业优势和服务社会功能，建立了相对稳定的实习和劳动实践基地，为劳动教育助力赋能，做出了贡献。

作为新兴事物，劳动教育实践基地如何科学、规范地运营与管理，尚需要从理论和实践上做出深刻的探讨。对此，我们邀请国内知名劳动教育研究专家、劳动教育实践基地一线实操专家共同编写此书，探讨劳动教育实践基地运营与管理问题，确保内容的引领示范性和可操作性。

全书共包括熟悉劳动教育实践基地创建规范、提升劳动教育实践基地智慧园区规划、重视劳动教育实践基地招标投标、开发劳动教育项目、强化劳动过程指导、拓展劳动课程资源、加强师资队伍建设、强化后勤管理服务、提供安全保障服务、强化劳动教育实践基地保障服务、申报评定劳动教育实践基地、劳动教育实践基地宣传推广服务十二个项目。每个项目均有"项目导读""学习目标""思维导图""任务导入""任务实施""拓展阅读""任务回顾"等模块，中间插入适量图片和二维码视频。

本书力避学究式的晦涩理论，采用项目式编写方式，开门见山，直接点题，把复杂的问题简单化，让读者易懂、易学、易操作。

本书由李岑虎、张会臣担任主编，刘东波、罗瑛、唐文慧、张双军担任副主编，由杰、房祥伟、梁雪、谭慧、李子尚、苏在中、顾彬、张志生、张生等担任编委。李岑虎负责全书的大纲编写、统稿和相关内容的编写。

本书在编写过程中得到了吉林师范大学、南京师范大学、济宁学院、西安外国语大学、中国劳动关系学院、邹城市教育和体育局、桂林市叠彩区教育局、吉林省研学旅行协会劳动教育专业委员会、西安新未来劳动教育实践基地、西安中科朗仟信息技术有限公司、成都洋英会科技有限公司、江苏太湖雪蚕桑文化园、山东绿鑫春生态农业发展有限公司、濮阳市示范性综合实践基地等单位专家的鼎力支持，在此一并表示衷心的感谢和崇高的敬意。

由于时间仓促，再加上作者水平有限，本书如有不足之处，真诚地欢迎读者批评指正，以便再版时予以更正。

李岑虎
2023 年 6 月

目 录
CONTENTS

项目一　熟悉劳动教育实践基地创建规范 ·············· 1
　　任务一　做好劳动教育实践基地规划创建准备 ············· 3
　　任务二　熟悉劳动教育实践基地规划创建规范 ············· 14

项目二　提升劳动教育实践基地智慧园区规划 ············ 27
　　任务一　注重劳动教育实践基地智慧园区建设 ············· 29
　　任务二　劳动教育实践基地智慧园区应用场景设计 ·········· 35
　　任务三　构建基地智慧管理体系 ·················· 46
　　任务四　规划劳动教育实践基地智慧安全系统 ············· 52

项目三　重视劳动教育实践基地招标投标 ·············· 57
　　任务一　开展劳动教育实践基地招标工作 ············· 59
　　任务二　重点做好基地投标工作 ················· 65
　　任务三　掌握投标中标技巧 ·················· 84

项目四　开发劳动教育项目 ······················ 95
　　任务一　撰写劳动任务清单 ·················· 97
　　任务二　开发劳动课程体系 ·················· 101
　　任务三　设计主题课程方案 ·················· 114
　　任务四　编写专题课程方案 ·················· 119

项目五　强化劳动过程指导 ………………………………………… 125
任务一　情境创设指导 …………………………………………… 127
任务二　准备阶段指导 …………………………………………… 132
任务三　实施阶段指导 …………………………………………… 138
任务四　反思阶段指导 …………………………………………… 144

项目六　拓展劳动教育课程资源 …………………………………… 151
任务一　与劳模工匠合作 ………………………………………… 153
任务二　与劳动场馆合作 ………………………………………… 155
任务三　与工厂企业合作 ………………………………………… 158
任务四　与社会公益组织合作 …………………………………… 161
任务五　与大中小学合作 ………………………………………… 163
任务六　与社区合作 ……………………………………………… 165

项目七　加强师资队伍建设 ………………………………………… 167
任务一　熟悉劳动教育师资的条件 ……………………………… 169
任务二　明确劳动实践指导教师的基本任务 …………………… 172
任务三　掌握劳动实践指导教师专业技能 ……………………… 174
任务四　培训劳动实践指导教师 ………………………………… 176

项目八　强化后勤管理服务 ………………………………………… 181
任务一　物资管理服务 …………………………………………… 183
任务二　饮食住宿服务 …………………………………………… 185
任务三　车辆交通服务 …………………………………………… 191

项目九　提供安全保障服务 ………………………………………… 195
任务一　分析劳动教育实践基地安全运营因素 ………………… 197
任务二　成立安全管理机构 ……………………………………… 201
任务三　制定安全应急预案 ……………………………………… 212
任务四　购买基地责任保险 ……………………………………… 220

项目十　强化劳动教育实践基地保障服务 ·················· 225
　　任务一　建立组织协调机制 ·················· 227
　　任务二　建立人才保障机制 ·················· 231
　　任务三　健全学生权益保障机制 ·················· 235
　　任务四　健全经费保障机制 ·················· 243

项目十一　申报评定劳动教育实践基地 ·················· 247
　　任务一　掌握劳动教育实践基地申报条件和评选标准 ·················· 249
　　任务二　熟悉劳动教育实践基地申报评定流程 ·················· 251
　　任务三　提交劳动教育实践基地申报材料 ·················· 252

项目十二　宣传推广劳动教育实践基地 ·················· 265
　　任务一　打造云平台，助力宣传推广 ·················· 267
　　任务二　巧用新媒体视频宣传推广 ·················· 272
　　任务三　借用广播、电视宣传推广 ·················· 279
　　任务四　利用报刊、网站宣传推广 ·················· 282

参考文献 ·················· 285

项目一
熟悉劳动教育实践基地创建规范

▍项目导读 ▍

劳动教育基地管理与运营首要的任务是创建劳动教育实践基地。本项目重点介绍了劳动教育实践基地的创建准备和劳动教育实践基地的规划创建规范,为新建基地、改建基地、提升基地,甚至评选基地,提供了参考思路。

陕西省渭南市示范性综合实践基地　　供图:罗典

▎学习目标 ▎

　　了解劳动教育实践基地的内涵，熟悉劳动教育实践基地规划创建的准备工作，掌握劳动教育实践基地规划与创建规范。

▎思维导图 ▎

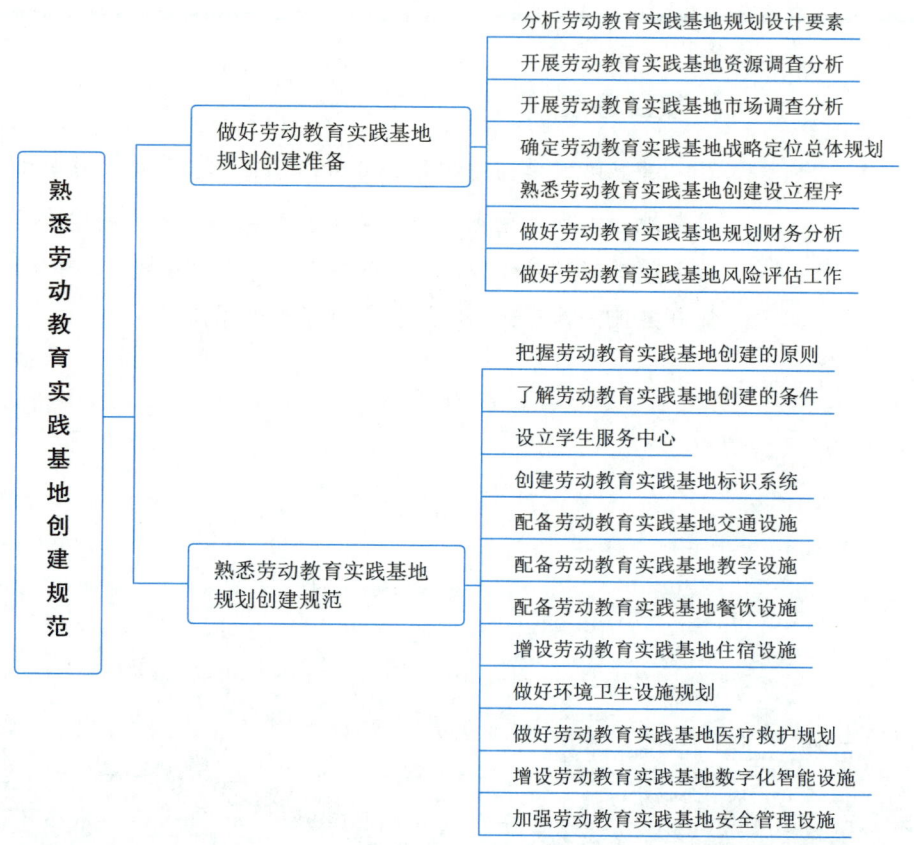

任务一　做好劳动教育实践基地规划创建准备

任务导入

清明前夕，山东微山湖周边某县教育局督学郑老师，打算依托微山湖劳动教育资源，创建微山湖劳动教育实践基地。郑老师向劳动教育专家李老师请教：建设劳动教育实践基地应从哪里开始着手？需要做好什么样的准备工作？针对劳动教育实践基地创建话题，李老师与郑老师做了耐心细致的探讨和交流。

请思考：

（1）什么是劳动教育实践基地？

（2）假如你是李老师，你怎样为郑老师解释说明？

任务实施

一、分析劳动教育实践基地规划设计要素

劳动教育实践基地（简称为"基地"）主要是指各行业创建的，能够为大中小学生开展劳动教育和劳动实践活动提供集中劳动、体验、食宿和交通等服务的优质资源单位。劳动教育实践基地具备教育性、实践性、地域性、时代性、综合性等基本属性。

劳动教育实践基地创建规划应遵循教育理念先进、课程设置科学、机制健全、运行规范的设计理念，将基地特色资源与劳动教育相结合，形成基本满足大中小学学生劳动教育实践多样化需求的劳动教育实践基地。而要实现这一目标，我们的基地规划设计要结合政策环境层面、场地环境层面、资金环境层面，围绕以下四大要素展开。

(一)政策要素

劳动教育实践基地的设计、建设、运营离不开国家、省、市、县(区)的各级政策的支持,所有我们需要做好政策文件的深度解读,充分考虑地域、行业特色。要坚持因地制宜,结合当地在自然、经济、文化等方面条件,充分挖掘行业企业、职业院校等可利用资源,宜工则工、宜农则农,采取多种方式开展劳动教育实践基地建设。

(二)市场行业要素

劳动教育的内容包括日常生活劳动、生产劳动和服务性劳动三大类别,劳动教育的主体涉及家庭、学校和社会三个方面,新建一个劳动教育实践基地前的调研工作,具体包括:摸清相关主体(学校、学生、学生家长)的实际需求;了解主管部门及有关配合部门(教育局、共青团、财政局、发改局、电视台报社等融媒体)对劳动教育的态度、劳动教育实施动态和对劳动教育工作的设想;了解相关社会机构在劳动教育方面可介入的可能性;摸清适宜开展劳动教育的各类场所(农庄、工厂、博物馆等)及其场地目前的经营状况、区域的竞争性以及区域市场规模等方面的基本情况。

(三)项目定位要素

项目定位有两个基本的层面,即目标市场定位和目标客户群定位。项目定位是项目策划的核心、本源,是项目全程策划的出发点和回归点,是在项目策划初期就必须明确的。在市场定位的前提下,要让功能定位浮出水面。首先,要在地理位置上确定要展开的核心主题及空间布局;其次,要确定预想的劳动教育实践对象的年龄及认知水平及表现的外部行为特征,据此去做项目界定(包括但不限于区域教育文化资源、区域交通等),梳理所在地区的自然及人文资源,研判劳动教育实践基地的特色主题。

(四)项目策略要素

在劳动教育实践基地的设计之初,我们要结合"工业+""农业+""科技+""生态+""非遗+"等特色文化、行业元素、科技元素等区域资源形成以下基地特色策略。

（1）品牌策略：包括品牌形象设计、品牌传播、品牌价值输出。

（2）内容策略：构建知识类课程体系、技能类课程体系。

（3）产品策略：采用学段策略、客群策略。

（4）空间策略：考虑规划层面、设计层面、工程层面。

（5）运营策略：包括组织架构搭建、运营管理架构、运营物料清单及预算。

二、开展劳动教育实践基地资源调查分析

（一）资源调查内容

设计、建设劳动教育实践基地先要做好资源调查，通过观察、记录、分析、总结，设计出满足学生参加生产劳动及日常生活劳动、服务性劳动的实践基地。

1. 调查相关政策

2020年3月印发的《中共中央 国务院关于全面加强新时代大中小学劳动教育的意见》明确提出，要多渠道拓展劳动教育实践场所，满足各级各类学校多样化劳动实践需求。劳动教育实践基地应对场地适用范围、建设经费统筹机制、建设贷款政策、建设监督评价、区域教育发展规划等政策进行深度解读，并将之应用于基地的建设规划中。

2. 调查区域特色

结合当地在自然、经济、文化等方面的条件，充分挖掘区域文化、行业企业、职业院校等可利用资源，与"工业+""农业+""科技+""生态+""文化+""非遗+"等区域特色资源相结合，满足区域范围内大中小学生劳动教育实践多样化需求，为大中小学劳动教育提供载体支撑。坚持"能共建则共建，能共享则共享"的导向，发挥资源优势互补，共建实践基地。

3. 调查区域市场基数

建设劳动教育实践基地前的市场调研工作，具体包括摸清相关主体（学

校、学生、学生家长）的实际需求、区域学生人数、可辐射区域总人口、教育支付政策及市场支付能力。

综合评估政府服务购买及政策性资金收入以及市场化收入，从而保障劳动教育实践基地设计建设的可行性。

4.调查投资风险

基地投资风险是指投资主体为实现其投资目的而对未来劳动教育实践基地经营、财务活动可能造成的亏损或破产所承担的风险。基地投资风险是投资主体决定是否投资所进行预测分析的最主要内容。

导致基地投资风险的主要因素有：政府劳动教育政策的变化、基地管理措施的失误、形成劳动教育课程产品成本的重要物资价格大幅度上涨或产品价格大幅度下跌、银行借款利率急剧上升等。

投资风险的因素包括：劳动教育政策法律风险、劳动教育市场风险、技术风险、财务风险、经营风险。

（二）资源调查方法

劳动教育实践基地的资源调查方法主要有文献调查法、问卷调查法、实地观察法。

三、开展劳动教育实践基地市场调查分析

劳动教育实践基地的市场调查就是用科学的方法，针对劳动教育实践基地的服务对象有目的、系统地收集、记录、整理数据资料等内容，分析基地所辐射服务范围的情况，为决策者制定政策、进行市场预测、做出实施决策、制订计划提供客观、正确的依据。

（一）市场调查的对象

劳动教育实践基地的市场服务核心对象为大中小学生，含职业院校、普通院校学生；其次是大中小学（含职业中学）的学校教职员工、企事业单位

人员、服务机构人员、基地教辅人员等。

（二）市场调查的方法

在劳动教育实践基地实际应用领域，市场调查的方法是开展基地设计之前为基地设计规划做出决策依据的最基本的方法。市场调查的方法主要有观察法、实验法、访问法和问卷法。

（三）市场调查的基本内容

1. 市场规模

首先，明确市场调查的目标。市场调查的目标不同，基地设计经营战略就会有所不同。因此必须调查宏观市场环境的发展变化趋势，尤其要调查所处地域劳动教育未来的发展状况。

其次，明确市场调查的对象范围。对象范围包括但不限于服务市场辐射地域，明确是全国、全省、全市还是全区。同时要明确市场的需求人群状况，如消费者购买行为、消费方式等。

2. 区位优势

区位优势是指在项目设计时，分析该项目在道路交通条件、区域经济条件、区域常住人口数量、学生数量、区域自然资源、劳动力要素、电力能源等基础设施配套等方面的一系列优越的环境条件。

因此，在劳动教育实践基地规划建设开始之前的市场规模调查、区位优势调查，为综合梳理各选址的点位、分析基地设计提供核心的、客观的依据。

3. 竞合关系

竞合关系是指参与劳动教育事业的双方或多方保持的一种既竞争又合作的关系。在设计之初的市场调查中，做好竞争、合作分析，包括行业竞品分析、自我 SWOT 分析等，有目的、有系统地收集、记录、整理各行业或相关行业信息，将为设计决策提供客观有效的依据。

（四）市场调查的工作流程

劳动教育实践基地市场调查工作流程包括：

（1）调查工作的准备，包括调查表的设计、抽取样本、访问员的招聘及

培训等。

（2）实地调查。

（3）对问卷进行统计处理、分析。

（4）撰写调查报告。

四、确定劳动教育实践基地战略定位总体规划

（一）了解劳动教育实践基地战略定位总体规划

《中共中央 国务院关于全面加强新时代大中小学劳动教育的意见》明确提出：要多渠道拓展劳动教育实践场所。大力拓展实践场所，满足各级各类学校多样化劳动实践需求。充分利用现有综合实践基地、青少年校外活动场所、职业院校和普通高等学校劳动实践场所，建立健全开放共享机制。农村地区可安排相应土地、山林、草场等作为学农实践基地，城镇地区可确认一批企事业单位和社会机构，作为学生参加生产劳动、服务性劳动的实践场所。建立以县为主、政府统筹规划配置中小学（含中等职业学校）劳动教育资源的机制。进一步完善学校建设标准，学校逐步建好配齐劳动实践教室、实训基地。

从上述文件内容我们了解到，劳动教育实践基地应围绕"农业+"、"工业+"、"科技+"和"文化+"等现有或新建场地原有资源，进行日常生活劳动、生产性劳动、服务性劳动三大类型的劳动，贯彻树立劳动观念、培养劳动精神、发展劳动能力、形成劳动习惯的四大教学目标，以此为基础进行基地战略定位的确定和基地的设计规划。

（二）掌握劳动教育实践基地总体规划的基本内容

1. 劳动教育实践基地的战略定位

劳动教育实践基地战略定位将围绕主题定位、运营定位、功能定位三大元素展开。

（1）主题定位

基地的战略主题定位是围绕区域经济环境、社会文化环境、科学环境和自然地理环境等因素，结合政策和法律法规、风俗习惯、科学发展动态，气候等各种影响市场营销的因素来确定。如将土地、山林、草场等定位为学农实践基地，工业遗产或工业园区周边等可定位为学工实践基地，博物馆等可定位为服务性实践基地。

（2）运营定位

基地的战略运营定位是结合市场需求调查，主要包括消费者需求调查、消费者收入调查、消费结构调查、消费者行为调查等，围绕现有投资额度及土地政策，来做基地的投资运营规划设计。

（3）功能定位

基地的战略功能定位是结合生源市场、地方政策等市场调查结果，设定基地的教学场景、设施设备、土地或材料生命周期等要素。例如：服务学生劳动实践活动功能区，实践基地应具有满足学生参加生产劳动及日常生活劳动、服务性劳动的身心体验、技能训练、知识增长、价值观培养等基本功能；

视频：罗瑛谈劳动教育实践基地的战略定位

创新发展功能区，基地应充分发挥基地育人功能，将形成劳动意识、养成劳动观念作为基地建设核心目标，科学规划、精心设计劳动实践课程场景以及基础教学保障措施，将新时代的新要求、新知识、新技能、新工艺等，融入设计中来，为劳动教育提供保障支撑；学生职业体验区，实践基地建设要根据区域内的经济环境、政治环境、社会文化环境、科学环境和自然地理环境，依托自身鲜明特色，设计出可操作性强、设施设备齐全、各具特色的职业体验项目、创新创业项目，方便开展职业启蒙和创新创业教育，还应挖掘劳动模范、技能工匠、优秀校友等先进事迹，通过邀请他们到基地现场授课、指导学生劳动实践等方式，发挥典型的榜样激励作用。

2. 总体规划的基本内容

总体规划亦称"总体设计"，是建设单位在编制初步设计和扩大初步设计之前，所进行的一个轮廓性的全面规划。它既包括项目建设计划，也要考虑项目远景发展设想。

劳动教育实践基地总体规划立足某一特定区域劳动教育实际需求，研究区域劳动资源要素配置与特色资源开发利用，按照劳动教育实践内容体系构建、布局建设内容，优化调整空间结构，将劳动教学行为与劳动资源环境相结合，它是可持续发展的综合性规划，是对基地总体定位、战略思路、教育发展目标和重点任务的总体部署，也是推进各项工作顺利开展的行动指南。

劳动教育实践基地总体规划基本内容包含以下几点：

（1）可行性数据分析，包括可建设面积、场地条件、自然环境、限制条件、产业特色、历史文脉、接待规模、辐射范围、客群级别。

（2）现场勘测，包括：地形地貌、建设用地图斑、周边水源污染源等。其中建设用地图斑，包括城市规划图、土地现状图、土地规划图、遥感影像图、农村土地承包经营分布图。

（3）施工设计及预算编制。

① 功能布局设计（停车场，室外无动力设施、室外互动教学点位、教室等功能性用房、住宿及保障性用房）。

② 交通及流线设计（机动车道、步道、景观道，人车分流线路）。

③ 管网系统设计（污水管网、泄洪排洪管网、生活用水管网、灌溉用水管网、电路管网、燃气管网等）。

④ 能源配置设计（电力负荷配置，污水站、垃圾回收站等配置）。

⑤ 消防安防设计（消防设施设备及逃生线路设计、地震山体滑坡等地质灾害预防设计）。

⑥ 标志标识系统设计（建筑风貌设计、导视系统设计）。

⑦ 专项设计（生态景观设计、城市家具，包括地面铺装和景观小品等）。

⑧ 光亮工程设计（光亮照明系统设计、景观光彩效果设计）。

⑨ 智慧系统设计（智慧设施、智慧园区管理系统、智慧防灾减灾系统、数字孪生底座等）。

（4）综合投资运营设计（投资估算、收益估算、投资主体分配、运营模式及运营主体）。

（5）基地试运营及各级政策性申报。

五、熟悉劳动教育实践基地创建设立程序

新建劳动教育实践基地的创建流程如下：

（1）根据立项办理规划选址、用地预审、环评审批、节能审查、林地许

可等。

（2）编制可行性研究报告并委托评估和审批。

（3）办理用地规划许可证、土地使用证等手续，同时开展测绘和地勘。

（4）施工图设计和预算编制，施工图图审。

（5）组织施工招投标。

（6）工程管理及监理。

（7）民生保障安置。

（8）综合投资运营。

（9）基地试运营及基地申报。

六、做好劳动教育实践基地规划财务分析

（一）了解财务分析的基本内容

了解国家劳动教育基地建设贷款政策，编制基地投资规划和基地盈利规划。

（二）掌握财务分析的方法

财务分析的方法主要有比较分析法和因素分析法。

1. 比较分析法

对两个或几个有关的可比数据进行对比，揭示差异和矛盾。主要有：

（1）历史比，即不同时期（2~10年）指标相比，看其成长性，也称趋势分析。

（2）与同类业相比，即与行业平均数或竞争对手相比，也称横向比较。

（3）比较会计要素的总量。总量是报表项目的总金额，如总资产、净资产、净利润等。

（4）比较结构百分比。把损益表、资产负债表、现金流量表转换为结构百分比报表。通过结构比较，发现问题，进一步揭示分析的方向。

（5）比较财务比率。财务比率是各会计要素的关系，反映其内在联系。

2. 因素分析法

因素分析法是依据分析指标和影响因素的关系，从数量上确定各因素对指标的影响程度。如差额分析法，又如固定资产净值增加的原因分析，分解为原值增加和折旧增加两部分。

3. 指标分解法

如资产负债率可分解为资产周转率和销售利润率的乘积。

（三）明确财务分析的步骤

（1）明确分析目的、现在的状况。

（2）收集相关信息。

（3）采用一定的方法对资料进行加工分析。

（4）解释分析结果，提供对决策有用的信息。

（四）遵循财务分析的原则

（1）要从实际出发，坚持实事求是。

（2）要全面看问题，坚持一分为二，反对片面地看问题。

（3）要注重事物的联系，坚持相互联系地看问题。

（4）要用发展的眼光看问题，注意过去、现在和将来的关系。

总之，定量分析与定性分析相结合。财务分析要透过数字看本质，没有数字就不能下结论。

七、做好劳动教育实践基地风险评估工作

风险评估（Risk Assessment）是指，在风险事件发生之前或之后（但还没有结束），对该事件给人们的生活、生命、财产等各个方面造成的影响和损失的可能性进行量化评估。风险评估是量化测评某一事件或事物带来的影响或损失的可能程度。

（一）风险评估的基本内容

劳动教育实践基地风险评估基本内容通常包含以下几种：组织管理风险、

人员素质风险、交通条件风险、环境条件风险、投资回报风险。

（二）风险评估的基本方法

劳动教育实践基地在新建、改建、创建过程中，将面临各类或大或小的风险。风险评估是在风险事件发生之前或发生过程中或发生之后，对劳动教育实践基地的资产价值、潜在威胁、薄弱环节、已采取的防护措施等进行分析，判断安全事件发生的概率以及可能造成的损失，提出风险管理措施。

劳动教育实践基地的风险评估，可以采用多种操作方法，包括基于知识的分析方法、基于模型的分析方法、定性分析和定量分析。无论采用何种方法，共同的目标都是找出组织面临的风险及其影响，以及目前安全水平与组织安全需求之间的差距。进行详细风险分析时，除了可以使用基于知识的分析方法，最传统的还是定量分析和定性分析的方法。

定量分析就是试图从数字上对安全风险进行分析评估的一种方法。

定性分析是目前采用最为广泛的一种方法，它带有很强的主观性，往往需要凭借分析者的经验和直觉，或者业界的标准和惯例，为风险管理诸要素（资产价值，威胁的可能性，弱点被利用的容易度，现有控制措施的效力等）的大小或高低程度定性分级。定性分析的操作方法包括小组讨论、检查列表调查、问卷、人员访谈等。

任务回顾

如果新建劳动教育实践基地，需要做好哪些方面的规划准备？

任务二 熟悉劳动教育实践基地规划创建规范

任务导入

据了解,目前很多学校没有现成的劳动教育实践基地,这制约着劳动课程的开设和劳动教育的正常发展。于是全国各地纷纷开始建设劳动教育实践基地,同时也有很多工业、农业、科技等社会基地拟升级改造成符合学校要求的劳动教育实践基地,但是在没有国家统一标准的情况下,如何创建或者升级改造成新的劳动教育实践基地?这成为新的困惑。

请思考:

新建或者升级改造劳动教育实践基地应遵循什么样的创建规范?

任务实施

截至目前,从国家层面上来看,尚无公开的统一的劳动教育实践基地规划或创建规范,但是很多的社会团体、行业组织陆续起草研发劳动教育规范、标准。譬如,中国关心下一代工作委员会教育中心、教育部中国智慧工程研究会等单位已经组织全国相关专家起草了关于劳动教育的团体标准。根据多方劳动教育实践基地创建规范草案,现将创建规范整理如下。

一、把握劳动教育实践基地创建的原则

1. 公益性原则

劳动教育实践基地应把谋求社会效应放在首位,以学生健康成长为己任。基地开展劳动教育实践活动只能向学校收取维持基地正常运营的基本费用,不得开展以营利为目的的经营性创收。对贫困家庭学生、建档立卡学生实行费用减免。

2. 育人导向原则

劳动教育实践基地要坚持党的领导，围绕培养担当民族复兴大任的时代新人目标，着力提升学生综合素质，促进学生德智体美劳全面发展、健康成长。把握劳动教育价值取向，引导学生树立正确的劳动观，崇尚劳动、尊重劳动，增强对劳动人民的感情，报效国家，奉献社会。

3. 教育性原则

劳动教育实践基地应遵循教育规律，劳动课程内容应符合学生年龄特点，以体力劳动为主，注意手脑并用、安全适度，强化实践体验，让学生亲历劳动过程，提升育人实效性。

4. 安全性原则

劳动实践教育要坚持安全第一原则，基地要建立安全保障机制，明确安全保障责任，落实安全保障措施，确保学生安全。

图1-2　教育主管部门专家到基地考察劳动教育课程内容　摄影：路志剑

二、了解劳动教育实践基地创建的条件

（1）基地应具备法人资质。

（2）基地具有明确的空间边界和连续的地域范围，基地各部分之间具有不可分割的关联性。

（3）基地位置应远离地质灾害、辐射、疾病传染源、监狱及其他危险区域。

（4）基地占地面积或建筑面积符合教育主管部门要求，能够至少同时接待足够数量的学生集中开展劳动、学习、体验活动并就餐、住宿；室内教室或活动场所人均使用面积达到3平方米以上。

（5）取得教育、卫生健康、消防、公安及市场监管等管理部门颁发的各种执业许可证照。

（6）基地具有较高的劳动教育课程资源价值，具有代表性。

（7）基地周边近3年内没有多发性不可抗拒的自然灾害，没有环境污染隐患。

（8）安全保障设施完善，具有完善的信息化安全监管系统，具有应对各类突发事件的应急预案。

典型案例

海口市教育局关于遴选创建海口市中小学劳动教育实践基地的通告（节选）

申报海口市中小学劳动教育实践基地应至少具备以下基本条件：

（一）法人资质。申报单位须具备法人资质，同时取得市场监督、消防、卫生等管理部门颁发的相关有效证照，无重大质量投诉、不良诚信记录、经济纠纷及重大安全责任事故。

（二）场地规模。劳动实践场地能同批次接纳200名以上中小学生参加劳动教育实践活动。有可供学生集中研讨、体验、休整的场馆场地，功能齐全、布局科学合理。水电、通信、消防等基础设施齐全，环境整洁、卫生良好，交通便利。

（三）配套设施。相关基础设施配套齐全、布局科学合理，实践活动场所仪器设备需符合国家或行业有关标准，经专业安装调试并通过验收。定期进行设施设备维护保养，确保设施设备性能良好。

（四）课程设置。至少有2项适合劳动实践教育的主题课程，课程体系较为完整，符合教育部《大中小学劳动教育指导纲要（试行）》要求，教学、实践体验活动编排合理，教育性、实践性强。学生可以亲自参与实践教育活动，课程对不同学段（小学、初中、高中）的劳动实践教育有层次性区分。

（五）师资配备。配有与接待学生规模相适应的专业辅导、讲解人员，能结合劳动实践教育要求，进行讲解、示范和辅导教学，提供有针对性、互动性和引导性的指导服务。

（六）安全措施。符合公共场所安全的基本要求，有严格的安全管理措施，有针对中小学群体的特别安全管护措施，安全警示标志明显，各类安全、监控设施设备运作良好，整体通过消防验收。制定突发事件应急预案，消防安全应急通道符合要求，定期组织教职人员开展应急处置演练。

（七）规范管理。日常管理制度健全，建有基地人员管理制度、考核评价制度、安全管理制度等科学合理的日常运行管理制度。保障机制完善，日常运转经费能够足额保障，社会评价好。档案管理规范，投诉处理及时。内部管理机构健全，分工明确，职责清晰。

（八）公益普惠。中小学劳动教育实践基地开展劳动教育实践活动，只收取成本费用，不得开展以营利为目的的经营性创收。对贫困家庭学生实行费用减免。

（信息来源于海口市教育局，2022-11-07）

三、设立学生服务中心

学生服务中心是劳动教育实践基地设立的为学生提供信息、材料、教育、咨询、课程安排、基地讲解、物品寄存、工具维修、休息等服务功能的专门场所。学生服务中心规划建设要求有以下方面：

（1）位置合理，风貌优良，规模适度，功能齐全。

（2）学生服务中心学生休息设施布局合理，数量满足需要，造型美观，制作精良，用材合理，维护良好。

（3）学生服务中心或主要教学点免费提供饮用冷水和热水。

（4）可为残疾师生、家长等特殊人群提供服务。

（5）学生服务中心内设置数字化、智能化设施，且内容丰富。

（6）学生服务中心能提供信息化、物品寄存、工具维修等多种服务。

（7）学生服务中心提供免费宣传资料和其他宣传资料。

（8）能够组织开展学生、家长志愿者服务。

（9）设有劳动心理咨询办公室。

（10）设有学生投诉维权办公室。

四、创建劳动教育实践基地标识系统

（1）基地全景图和导览图设置合理，标注准确且内容完整。基地全景图包含基地全景地图、基地文字介绍、学生须知、教学点位置等相关信息以及投诉机关电话、救援电话、咨询电话等。

（2）基地标识和项目介绍牌数量充足，布局合理。

（3）基地标识系统图案直观，外形美观，视觉效果优良。

（4）基地标识系统维护保养良好。

（5）公共信息图形符号符合《公共信息图形符号 第1部分：通用符号》（GB/T 10001.1—2012）的规定，数量充足，位置合理，视觉效果优良。

（6）基地资源解说牌内容包括教学点名称、由来、资源概况、周围环境、历史文化等与劳动实践活动相关的信息。解说牌的设计要力求图文并茂、文字简练，形式和材质要与周围整个环境相适应。室内外设置劳动教育相关宣传标识，劳动教育相关图册和视频影像资料配置齐全，并能定期更新和完善，使用效果良好。

（7）基地为残疾学生、家长、指导教师和其他有残疾的教辅人员，以及伤病人、儿童设置无障碍设施。基（营）地在规划建设时要按照《无障碍设计规范》（GB 50763—2012）的规定设置无障碍标识服务设施。

五、配备劳动教育实践基地交通设施

（1）基地交通规划建设应遵循环境优先、资源完整、高效快捷、方式多样、突出特色、安全性、畅达性、舒适性等原则。

（2）具有便捷的交通条件和良好的可进入性。与外部交通枢纽（机场、车站、码头）和高速公路出口的交通距离较近；有良好的抵达基地的公共交通服务条件。

（3）具有规模适度和管理完善的停车场地或船舶码头。停车场规模与基地学生承载量相适应；引导标志标识清晰，有专人值管；位置合理，景观协调。

（4）具有安全通畅的内部交通道路和生态化交通工具。内部交通道路规划合理；游步道有个性特色，游步道等交通应符合《风景旅游道路及游憩服务设施要求》（LB/T 025—2013）的要求；基地内交通工具设施完好、整洁，宜使用绿色清洁能源。

（5）交通导引标识要符合《道路交通标志和标线 第2部分：道路交通标志》（GB 5768.2—2022）和《道路交通反光膜》（GB/T 18833—2012）的设置规定。

六、配备劳动教育实践基地教学设施

（1）劳动教育实践基础设施配套齐全，布局科学合理。

（2）配套设施适合不同劳动实践主题以及不同年龄段、不同层次学生的需要。

（3）应对不同类型的劳动实践课程设置相应的演示、体验、实践设施。

（4）配备相应的数字化、智能化劳动实践辅助设施。

（5）教学仪器、劳动工具、设施设备性能完好、数量充足。

（6）实践活动场所仪器设备按国家或行业有关标准规范安装、布置，设备、器材布置科学、规范、合理。

夯实基地建设　践行劳动教育
——嘉定博物馆获评嘉定区学生劳动教育实践星级基地

嘉定博物馆自2020年成为嘉定区级劳动教育基地以来，对标学校劳动教育工作新要求，深挖馆藏资源，针对学生的年龄特征和博物馆自身的优势特色，着重为学生打造了徐行草编、嘉定竹刻、安亭药斑布印染、苏绣手作、碑刻拓印、篆刻、古籍装订等嘉定非遗系列课程和劳动岗位，并根据各个课程的难易程度，进行不同年龄受众的划分，使得课程更有针对性；同时，还推出符合学生个性特点的展览讲解、秩序引导、社会调查、活动辅助等丰富的社会实践岗位，让学生在锻炼中感受劳动的价值，享受到服务他人的快乐。

（来源于嘉定博物馆网站2022年11月3日发布的新闻，有改写）

七、配备劳动教育实践基地餐饮设施

（1）餐饮场所选址科学，布局合理，环境与设施整洁舒适。餐厅建筑规模大，承载能力强，餐饮设施齐全。餐厅建筑规模要与基地学生承载量和接待要求相适应。

（2）餐饮场所应当依法取得食品经营许可证，严格按照食品经营许可证载明的经营项目进行经营，并在餐饮场所显著位置悬挂或者摆放许可证。

（3）餐饮场所应当建立食品安全与营养健康状况自查制度。

（4）餐饮场所应当建立健全并落实食品安全管理制度，按照规定制定并执行场所及设施设备清洗消毒、维修保养校验、原料采购至供餐全过程控制管理、餐具饮具清洗消毒、食品添加剂使用管理等食品安全管理制度。

（5）餐饮场所卫生符合《食品安全国家标准 餐饮服务通用卫生规范》（GB 31654—2021）的规定；食品安全，管理规范，秩序良好，服务态度优良。

（6）餐饮场所用餐环境，以及餐饮、消毒卫生应符合《食品安全国家标准 餐饮服务通用卫生规范》（GB 31654—2021）的要求。

（7）生活饮用水应符合《生活饮用水卫生标准》（GB 5749—2022）的要求，保证用水便利，管理规范、安全，供水点位合理，全时段提供热水。

（8）餐饮场所应当根据所经营的食品品种、数量、供餐人数，配备相应的设施设备，并配备消毒、更衣、盥洗、采光、照明、通风、防腐、防尘、防蝇、防鼠、防虫、洗涤以及处理废水、存放垃圾和废弃物的设备或者设施。

（9）餐饮场所采购食品及原料，应当按照要求查验相关许可文件，并留存加盖公章（或者签字）的复印件或者其他凭证。

（10）餐饮场所应当建立并执行从业人员健康管理制度和培训制度；患有国家卫生健康委规定的有碍食品安全疾病的人员，不得从事接触直接入口食品的工作；从事接触直接入口食品工作的从业人员应当每年进行健康检查，取得健康证明后方可上岗工作，必要时应当进行临时健康检查。

（11）食品加工、贮存、陈列、转运等设施设备应当定期维护、清洗、消毒；保温设施及冷藏冷冻设施应当定期清洗、校验。

（12）餐饮类型多样，具有基地特色或地方特色，实行学生营养配餐。

（13）餐饮场所不得制售冷荤类食品、生食类食品、裱花蛋糕，不得加工制作四季豆、鲜黄花菜、野生蘑菇、发芽土豆等高风险食品。

（14）餐饮场所应当按照保证食品安全的要求贮存食品，做到通风换气、分区分架分类、离墙离地存放、防蝇防鼠防虫设施完好，并定期检查库存，及时清理变质或者超过保质期的食品。

（15）餐饮场所应当设置专用的备餐间或者专用操作区，制定并在显著位置公示人员操作规范；备餐操作时应当避免食品受到污染。

（16）餐饮场所应当对每餐次加工制作的每种食品成品进行留样，每个品种留样量应当满足检验需要，不得少于125克，并记录留样食品名称、留样量、留样时间、留样人员等；留样食品应当由专柜冷藏保存48小时以上。

（17）应当建立集中用餐食品安全应急管理和突发事故报告制度，制定食品安全事故处置方案。发生集中用餐食品安全事故或者疑似食品安全事故时，应当立即采取措施。

八、增设劳动教育实践基地住宿设施

（1）基地选址科学，布局合理，便于对学生的集中管理。基地以及从基地出入口步行20分钟范围内具有住宿接待设施，容量与学生住宿需求相适应。

（2）基地根据当地经济条件可以设置为星级酒店、学生宿舍、经济型酒店、青少年露营地等多种类型。

（3）星级酒店的住宿总体服务质量和安全管理应符合《旅游饭店星级的划分与评定》（GB/T 14308—2010）的要求。

（4）学生宿舍的住宿设计符合《宿舍建筑设计规范》（JGJ 36—2016）的要求，住宿总体服务质量和安全管理应符合相关住宿管理要求。

（5）经济型酒店设施与服务规范应符合地方或行业相关要求。

（6）学生露营地住宿选址科学合理，总体服务质量和安全管理应符合

《休闲露营地建设与服务规范第 4 部分：青少年营地》（GB/T 31710.4—2015）的要求。

（7）学生集体住宿应男女分室、分区，保证设施安全、卫生洁净。

九、做好环境卫生设施规划

（1）实践基地及出入口可视范围内环境整洁。无污水、污物，无乱搭乱建、乱刻乱画、乱堆乱放、乱丢乱吐现象。建筑物及各种设施设备无损坏、无剥落、无污垢，空气清新。无异味，施工场地维护良好。

（2）空气质量达到《环境空气质量标准》（GB 3095—2012）中的二级以上标准。

（3）噪声指标符合《声环境质量标准》（CB 3096—2008）要求。

（4）地表水环境质量达到《地表水环境质量标准》（GB 3838—2002）中的Ⅲ类标准。

（5）有完善的污水排放设施。污水排放符合《污水综合排放标准》（GB 8978—1996）的规定。

（6）垃圾日产日清，实施流动清扫，处理方式合理，建立鼓励学生自行带走垃圾的措施。

（7）垃圾箱（桶）外观整洁，数量充足，布局合理，造型美观。

（8）垃圾分类图示标志应符合《生活垃圾分类标志》（GB/T 19095—2019）的要求。

（9）基地人员按规定进行体检，个人卫生符合行业有关规定。

（10）基地的公厕建设符合《城镇环境卫生设施设置标准》，宿舍厕所设施质量等级不低于《旅游厕所质量要求与评定》（GB/T 18973—2022）中的 AA 级。

十、做好劳动教育实践基地医疗救护规划

（1）距离基地 15 千米内设有二级甲等以上医院，急救设施齐全，交通便利畅通。

（2）基地配备有医务室、专职医护人员和基本医疗用品，有能力对师生开展紧急救护服务。

（3）基地内医务室能处理一般伤病，至少设有诊室、处置室、治疗室、医疗卫生室。房屋的建筑面积不小于40平方米，每室必须独立。基本设备：诊察床、诊察桌、诊察凳、听诊器、血压计、出诊箱、体温计、污物桶、压舌板、处置台、注射器、纱布罐、方盘、药品柜、紫外线灯、高压灭菌设备以及其他与开展诊疗科目相应的设备。

（4）医护人员具有相应的专业执业资格，具有处理劳动实践活动中师生突发性疾病和意外伤害的能力。

（5）具备完善的医疗救护管理规范和制度。

（6）建立传染性疾病预防措施，并符合相关要求。

十一、增设劳动教育实践基地数字化智能设施

（1）基地接入互联网宽带网络，无线局域网覆盖整个基地。

（2）能接收平板笔记本、手机信号，移动通信线路畅通。

（3）配备导览系统信息化、数字化设施。

（4）建立车船、人员、车牌和停车场的运行监控。

（5）建立基地预警报警设施。

拓展阅读

数字化的合肥市现代职业教育公共实训中心

12月中旬，合肥市公共实训中心迎来了中国科学技术大学附属中学（以下简称科大附中）师生开展劳动实践活动。实践活动分为两个批次，共计460余名师生参加。

合肥市公共实训中心高度重视，在落实疫情防控各项措施的同时，精心设计了符合中学生认知特点和兴趣的职业体验项目，体验项目涵盖了数控加工、无人机、电子设计、汽车维护、创客机器人等十余项，为科大附中的学子奉献了一场参与程度高、趣味与知识融合度高的"劳动实践活

动"盛宴。为强化体验效果，体验采取十个小组循环体验模式。

在机器人优友的欢迎声中，科大附中学生开启了社会劳动实践活动。增材制造是以3D数字模型文件为基础，运用树脂通过逐层打印方式来构造零件的技术。指导老师首先对设备、仪器、操作安全要领进行详细讲解，然后指导同学们操作。当"十二生肖"在3D打印机下一点点打印出实物时，同学们的兴奋之情溢于言表。

在工业机器人实训室，同学们首先熟悉机器人结构，了解机器人手柄操作和常用编程指令、建立坐标系和矩形轨道移动等基础知识。随后，大家迫不及待地拿起操作器，在老师的指导下进行简单的工业机器人指令编程，控制机器人激光高精定位到不同图形点，切身感受科技创新的巨大魅力。

走进无人机实训室，警用无人机、工业航拍无人机、植保无人机等设备让同学们大开眼界，在指导老师的带领下他们体验了电脑模拟飞行及室内飞行。此外，汽车美容、VR项目体验、数控加工、电工电子等项目也受到广泛好评。

活动中，同学们认真聆听，驻足观看，积极互动，久久不愿离场。大家在劳动实践中启发职业意识，锻炼动手能力，收获劳动喜悦，浸润精益求精的工匠精神。合肥市公共实训中心积极开发劳动实践活动项目，为中小学搭建多元化职业体验学习互动平台，与中小学携手共育未来的大国工匠。

（资料来源于合肥市现代职业教育公共实训中心，由实训教学处供稿，撰稿人程翠婷，发布时间：2021-12-23）

十二、加强劳动教育实践基地安全管理设施

（1）危险地带（如临水、交通沿线）安全防护设施齐全、有效。

（2）室内消防设备和户外防火设备完善、有效，流量监控、应急照明灯、应急工具、应急设备和处置设施完善。

（3）消防应急照明和疏散指示系统应符合《消防应急照明和疏散指示系统》（GB 17945—2010）的要求。

项目一　熟悉劳动教育实践基地创建规范

（4）应配备消防栓、灭火器、逃生锤等消防设备，保证防火设备齐全、有效。

（5）应保证消防通道畅通，消防安全标识完整、清晰，位置醒目。

（6）应设有安全和紧急避险通道，配置警戒设施。

图 1-3　劳动工匠刘庆敏现场为师生讲解劳动安全　摄影：岳振坤

（7）安全警告标志标识完善，疏散通道、紧急出口、安全提示和指引标识醒目有效。

（8）所有出入口、主要通道和活动场所安装闭路电视监控系统，能够实现 24 小时全方位 360°无死角的实时录像监控，影像资料可保存 30 天以上。

（9）所有出入口应方便学生集散，标志明显且畅通无阻。

（10）特殊劳动实践项目经过安全确认。

（11）食品卫生符合国家规定。

（12）基地内禁止存放易燃、易爆、腐蚀性及有碍安全的物品。

（13）大型活动场所的安全通道和消防设备应有专人负责，确保设施完好、有效。

（14）学生住宿场所应配有宿舍管理人员负责学生安全，安排保安人员昼夜值班巡逻，保障学生的人身和财产安全。

（15）医疗基础救护设备应齐备、完好，与周边医院有联动救治机制。

（16）应设有治安机构或治安联防点，与周边公安、消防等机构有应急联动机制。

任务回顾

劳动教育实践基地应该如何配备教育教学设施？

项目二
提升劳动教育实践基地智慧园区规划

▌项目导读 ▌

人工智能、大数据、物联网等新技术在社会生活各方面的普及应用，为劳动教育实践基地的建设与管理赋予了新的内涵，也提出了更高的要求。本项目通过对劳动教育实践基地智慧园区数字化建设提出一系列规划思路，旨在抛砖引玉，凸显技术赋能基地运营与管理的重要地位，明确其在提升基地档次和管理水平中的重要作用。本项目主要从基地数字化整体规划设计、应用场景设计、后台数据支撑体系设计、网络安全规划四个方面任务进行阐述。

青州人工智能体验中心　　摄影：刘东波

学习目标

了解劳动教育实践基地智慧园区建设的可行性分析内容,掌握劳动教育实践基地智慧园区建设的关键点及规划设计思路和内容。了解 VR/AR 数字化体验馆设计,掌握智慧农业设计、智能工业设计、智慧物流体验、智能创意智造设计、智能服务设计等数字化应用场景。熟悉劳动教育实践基地数据中心建设、数字化公众服务云平台建设、学生成长电子档案建设、数字化服务网站搭建、开发基地 APP 应用服务等智慧管理体系建设,熟悉劳动教育实践基地智慧安全系统规划部署内容。

思维导图

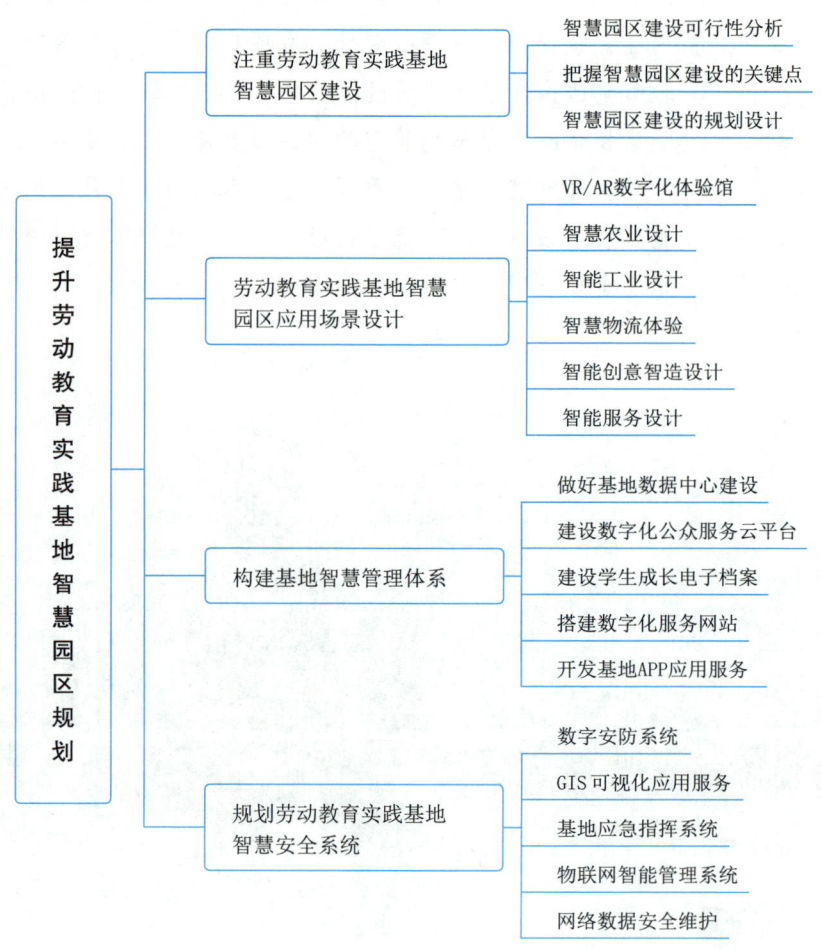

项目二　提升劳动教育实践基地智慧园区规划

任务一　注重劳动教育实践基地智慧园区建设

任务导入

根据公司战略发展规划，将于近期建设一处设施完备、功能齐全的劳动教育实践基地，董事长交给小刘一项任务：在规划设计、打造劳动教育实践基地综合功能体的基础上，借用人工智能、大数据技术实现对基地运营和管理的智能化、数字化。小刘接到任务犯愁了，只能赶紧向阿智博士请教，阿智博士便带着小刘去了山东省绿鑫春生态园劳动教育实践基地考察，结果让小刘大开眼界。

请思考：

（1）什么是智慧园区？

（2）你认为建设智慧园区有什么意义？

（3）如何科学规划劳动教育实践基地的智慧园区建设？

任务实施

为了更好地编制、设计劳动教育实践基地的数字化建设方案，我们首先来了解智慧园区建设方面的知识。

一、智慧园区建设可行性分析

劳动教育实践基地智慧园区是一个具有智能、协同和可持续性特征的新型劳动教育园区，它能够利用现代信息技术，包括物联网、自然语言处理、大数据分析等，帮助劳动教育实践基地及其员工实现全新的运营管理。从技术层面上来说，劳动教育实践基地智慧园区系统是以云数据技术产品为设计核心，集成高端智能硬件，融合新一代智能物联网以及 AI 语音技术，集成智

— 29 —

能门禁、考勤、交流体验、会议研讨、无感通行、消费、手机智能 APP 开发等多个综合系统应用，形成的一种适应劳动教育实践基地发展的现代化综合服务管理平台，能有效促进实践基地的可持续发展。

（一）智慧园区的建设优势

智慧园区的建设优势包括以下方面。

（1）节约能源及资源，能够实现协同一致的工作流程，以及资源共享体系，利用智能信息系统来实现有效的节能减排。

（2）构建一体化的综合管理服务，根据劳动教育实践基地的安全、环境、应急、资源、综合管理、生产基地和协同办公的功能要求，统一构建基地综合管理服务体系。

（3）提高工作效率，能够帮助劳动教育实践基地形成一体化的领导协调架构、业务管理制度，以及基地内部的对外业务控制系统。

（4）提升用户体验，智能服务和智能客服技术有助于提升用户体验。

（5）创新业务模式，智能技术的应用可以创造新的业务模式，通过智能系统实现部门之间的作业联合，实现协同工作。

（二）智慧园区建设的现实价值

智慧园区建设的核心价值理念是：智能、绿色、高效、安全。

其现实价值为：

1. 降本增效

利用人员、设备、场地的即时在线通信，提高管理水平，减少人员成本和经营成本，比如：利用智慧巡检安防系统，可以即时监控园区（建筑）周边的可疑情况，并做出警示；基地设施的现代化不但提高了管理效率，也减少了劳动力成本，还能通过合理的能源利用战略实现整体节约。

2. 品牌升值

能够塑造基地标杆名片，凸显核心价值和竞争力。现在各大产业基地（园区）纷纷开始利用智慧化赋能基地（园区）运营和管理，为其品牌进行升值，如众所周知的华为、联想等，均已实现物联网、AI、人脸识别等技术对其生产、研发基地（园区）的智慧化建设，如刷脸支付、人脸识别门禁及访客系统等，为基地的员工、访客提供便利、快捷的应用体验。劳动教育实践基地作为培养新时代劳动者的摇篮，更应加大智慧园区投入建设，提升品牌竞争力，让孩子从小接触、了解现代科技发展前沿水平及其在生产生活中的应用，并在实践中逐渐掌握先进的劳动技能，形成良好的科技素养。

3. 场景升级

围绕基地不同的应用需求进行升级改造，能够打通应用场景之间的信息孤岛问题，有利于场景之间的了解、沟通，降低成本、提高效率，并通过PC、APP、微信等不同的终端给用户提供服务。

二、把握智慧园区建设的关键点

劳动教育实践基地智慧园区建设要坚持总体规划、分步实施、资源共享、标准化管理、因地制宜的原则，同时，在建设中应把握如下五个关键点。

（一）要采用成熟、实用的技术

劳动教育实践基地所适用的群体主要以大中小学生为主，前提是安全，所以需要选用技术成熟稳定、适用广泛的劳动实践设备，在产品设计、工艺方面讲究技术成熟、符合未来科技发展需求。

（二）要体现开放性、可扩展性、兼容性和灵活性

随着技术和业务的不断发展，智慧园区管理系统必须具有开放性和可扩展性，兼具二次开发功能；要求软件系统拥有较好的兼容性和安全性。

（三）系统产品的选型及应用要注重标准化、规范化

智慧园区管理系统所选用的产品设计和使用场合以及产品的选型必须符合国家、行业及有关技术标准的要求，并建立标准协议和连接，开通私有协议，为基地大数据中心的建立提供安全可靠的保障。

（四）系统建设必须具有安全性、可靠性、容错性

基地系统自身的安全非常关键，要具备强大的反攻击功能，避免有人非

法进入，影响安全。另外，因为基地员工水平和能力参差不齐，在应用流程上可能出现问题，所以要求系统具备强大的容错能力和自检能力。

（五）要注重人性化、集约化和可持续发展

智能园区的建设项目应强调以人为本，其功能设计、环境布置都要充分考虑学生的衣、食、住、行的需要，积极应用云计算、物联网等信息技术，建设富有特点的智能服务平台。同时，以信息中心机房为核心，打造基地数字大脑，所有子系统的信息都需要汇集到基地统一的网络平台，实现基础的信息管理以及各子系统间的有效连接。

此外，劳动教育实践基地的智慧化建设是一个持续推进的过程，并非一蹴而就的，而是需要在后期应用中不断完善与提升。这就需要我们在科学规划基地未来发展的基础上，逐步推进基地的智能化提升转型，以增强基地的核心竞争力。

三、智慧园区建设的规划设计

（一）智慧园区的顶层设计

劳动教育实践基地智慧园区的顶层设计主要包括体系设计、数据采集设计、数据分析设计、信息服务设计等内容。

（1）体系设计是智慧园区建设的基础，要形成以技术、共同体、创新、团队、投资等为核心的数字体系。

（2）数据采集是智慧园区的核心，采用互联网、物联网、智能设备等技术搭建传感网络，实时采集关键基地信息。

（3）数据分析是智慧园区的核心功能，利用大数据分析和智能算法快速处理海量信息，挖掘隐藏信息，为智慧管理提供依据。

（4）信息服务是智慧园区的重要功能，可以利用信息进行实时监控、质量评估、可视化、实时分析等信息服务，提高智慧园区的运行效率。

（二）智慧园区规划的内容

1. 项目背景

数字化赋能劳动教育实践基地建设能够解决传统的基地建设中仅注重基地构建与管理，而忽视了"科技"与"人"的交互、"信息化建设"与"基地有机总体"的协同，造成"信息烟囱""数据孤岛"，重建设轻运用、重投资轻效果，与公共数据资源无法互联互通，对应用领域感知度不足等问题。随着信息科技的不断发展，对劳动教育实践基地的数字化建设也提出了新的要求。

2. 劳动教育实践基地现状及愿景需求分析

劳动教育实践基地数字化建设的现状可以分为以下几个方面：

（1）基础设施：大部分基地的网络设备和信息系统都比较落后，没有进行有效的更新升级，影响了数字化建设的进展。

（2）数据管理：很多基地缺乏系统和规范的数据管理，导致管理混乱，难以实现数字化管理。

（3）教育资源：基地的教育资源比较零散，无法形成完整的教育内容体系。

（4）教育方式：传统的教育方式已经无法满足现代社会的需求，需要引入更加先进的教育方式。

基于以上现状，劳动教育实践基地智慧园区建设的愿景需求如下：

（1）建立先进的网络信息系统，提高基地的数字化水平。

（2）建立科学规范的数据管理系统，实现数字化管理。

（3）整合和优化教育资源，形成完整的教育内容体系。

（4）引入新的教育方式和技术手段，丰富教育内容和形式。

（5）建立数字化的学习环境，提高学生的学习效果和兴趣。

（6）加强与其他基地和学校的合作，分享数字化建设的经验和资源。

3. 建设目标

（1）加强资源整合。通过形成统一的组织管理与协调架构、业务综合管理平台和对外业务协作平台，盘活基地内多种角色的资源，以达到有效、协调、互动、整合的效果。

（2）构建管理云运维平台。形成立体化、无感知、智能化管理运维服务体系，涵盖日常运维、故障维护、集中控制管理等各方面，实现基地一体化运维，以减少维护投入，提高管理运维质量。

（3）整合后勤支撑体系。通过打通线上、线下渠道，形成无现金支付的渠道，对基地进行整合服务，以实现消费流程的透明化，全方位控制，加快资金周转办结速率，严格财务管理安全工作，以实现后勤财务管理的整体控制。

（4）提升创新管理能力。运用物联网、云计算等技术促进基地信息化建设，扩大运营、管理的覆盖面和受益面，提升基地智能化档次和管理水平。

4. 框架结构

智慧园区项目的组织结构一般分成五层，依次是基础设施层、网络层、数据资源层、平台层、应用层。

应用层面包括但不仅限于图 2-1 中所列项目。随着时代发展，劳动教育内涵不断拓展，再加上新技术的推广应用，各种新的应用场景需求也在不断更新升级。

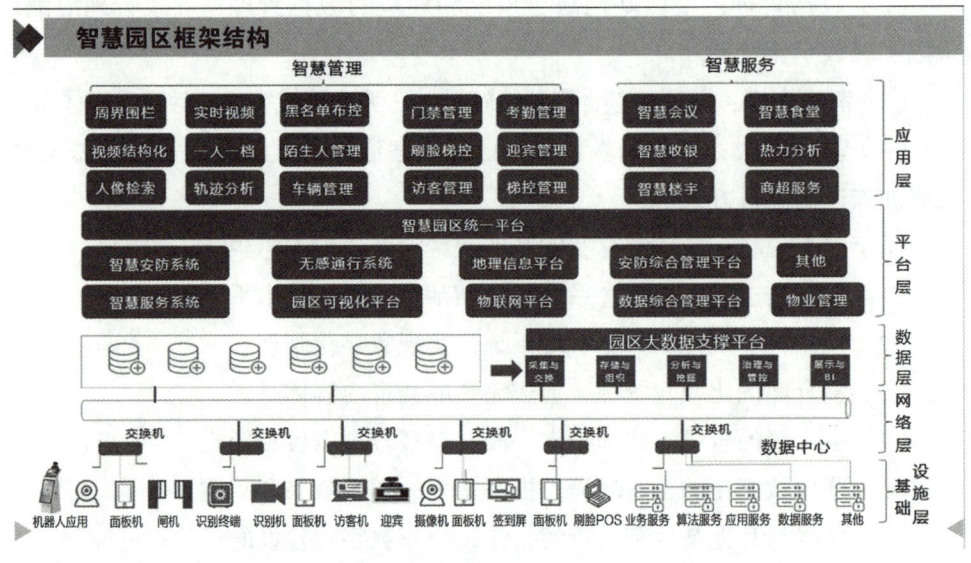

图 2-1　劳动教育实践基地智慧园区整体框架结构示意图

（备注：大数据 BI 指大数据的处理和分析 BI 软件，可以完成对 tb 实时分析等级数据。BI 是 Business Intelligence，即商业智能。大数据可概括为数据量大、速度快、类型多、价值密度低。随着大数据时代的到来，大数据 BI 也应运而生。）

5. 项目市场分析

包括当前我国劳动教育实践基地建设运营相关政策把握、当地劳动教育发展情况以及基地现有项目及发展前景等。

6. 建设地点和建设条件

包括劳动教育实践基地建设项目选址、位置、行政区域、劳动场域、自然条件（山势景观、天气条件、水文地质特点、土壤条件、自然资源、工程地质及地震资料）、地理交通、社会经济条件等。

7. 工程技术方案设计

包括项目建设指导思想、设计目标、项目内容、设备清单及施工规划、预期效果等。

8. 其他

涉及节能环保、安全生产、质量、组织结构与劳动力资源配置、建设项目施工时间安排、项目招标方案、项目评价与投资筹集、建设项目财务、社会评价等。

任务回顾

（1）劳动教育实践基地智慧园区建设的原则及关键点有哪些？

（2）智慧园区规划设计一般包括哪几方面内容？

任务二　劳动教育实践基地智慧园区应用场景设计

任务导入

小刘在山东省绿鑫春生态园劳动教育实践基地考察后，阿智博士告诉他，基地数字化规划设计理念明确后，还需要结合本基地的具体状况，科学合理选定恰当的应用场景以适应不同学段、不同类型学生的需要。

请思考：
（1）劳动教育实践基地主要有哪些适合的数字化应用场景？
（2）你认为应如何结合本基地实际来设计适用的应用场景？

任务实施

综观目前各地劳动教育实践基地建设的实际，其智慧化应用场景主要包括体验、参观、实践等类别，具体有以下几种。

一、VR/AR 数字化体验馆

VR/AR 数字化体验馆是一种利用虚拟现实和增强现实技术，为用户提供一种全新视觉感受的数字化体验空间。与传统类型展厅相比，它打破了时间和空间的限制，可以将虚拟的物体和事物与真实的环境无缝结合，视觉效果更加完善。人们无须外出，直接借助网络就能够身临其境地走进"展馆现场"，再加上各种各样的 VR/AR 全景展示与互动功能，使展馆的功能实现更优化。

智慧园区通过部署 AR 引导解决方案，不仅能解决在复杂条件下导览效果不好的问题，而且还能利用此技术进行 AR 互动引导、3D 展示、活动场景复原、建筑可看、互动游戏、AR 寻宝等虚实融合的新型交互方式，多维度地与基地、学校深度交流，并引发学校共同参与，从而有效提高教学实践效果。

（一）功能特色

1. 实景导览
利用立体的实景地图，将虚幻和真实融为一体，方便检索、快速浏览。

2. 实景指引
通过真实的基地街景、游步道、田间路指引，导航途中也不失乐趣。

3. 虚拟现实体验
通过搭载最新增强现实技术（AR），让身边的场景更加生动起来，让名画、建筑讲故事，和虚幻人物一起参加劳动游戏，更可以和虚幻人物互动、沟通，从中获得知识和真实体验。

4. 最佳活动线路

可以提炼基地最佳精华活动方案、路线，保证让学生既节省时间又能获得最佳实践体验效果，帮学生解决初来乍到、不知如何是好的烦恼。

5. 智能语音向导

可用语音介绍基地的历史情况，而且存储内容丰富，就像一本百科全书。

（二）VR/AR科技馆项目简介

1. 数字沙盘

数字沙盘是一种通过计算机、网络及数字传媒技术来创建逼真的沙盘效果的技术。它利用虚拟地理信息系统以及图形仿真等软件工具，将三维的地理特征信息以沙盘的形式展示出来，供不同的用户观看、编辑和交互体验。数字沙盘也可以用于展示地理位置，应用于市政管理、模拟战斗、教学领域和航海等方面。主要是利用声、光、电、热成像、三维动画和电脑程控等来进行，比传统的沙盘模型更直观。

2. 沉浸式影片

沉浸式影片是一种利用虚拟现实和视频技术来模拟真实世界的技术。它可以利用多种设备，如VR头显和投影仪等，以360度全景的方式来呈现视频内容，使观众仿佛置身于影片中。沉浸式影片可以带来极大的情感体验，让观众深度体验影片所带来的震撼。

3. 幻影成像

幻影成像是一种利用光学原理来生成看起来像立体影像的图片的技术。它主要是通过光照的折射来实现的，当光线穿过多个层级的平行镜片时，就会产生叠加的3D立体效果。利用对特定物体实拍的三维空间模拟的技术处理，将所拍摄的画面叠加在特定环境中，形成一个动静融合的电影场景，效果虚幻莫测，但十分直观，给观众一种从未经历过的感受。参观者可以裸眼观赏立体影片，拍摄的影片和实物现场充分融为一体，图像效果真实。幻影成像技术在现实生活中被广泛应用于安全检测，无论是在加密门禁安全检测，还是在人脸识别和行为分析上，都能够发挥出重要作用。

4. 互动涂鸦

互动涂鸦是一种利用绘图板和数字笔等设备，通过手势或触摸屏来实现多种数字绘图的技术。它可以让用户利用数字形式更加容易地表达他们的想法，并且创意无限。通过互动涂鸦将中国传统艺术文化和孩子的兴趣特点相结合，借助 AR 科技，通过即时视频图像动态捕捉技术、视频图像识别、红外/触控传感器等交互式技术，创设出一种虚拟现实的交互界面，让儿童积极地参与到活动创作当中。

5. 互动问答系统

互动问答系统是一种利用自然语言处理技术，以及各种机器学习技术来处理自然语言问题的系统。它可以帮助用户快速、准确地回答关于日常主题的问题，如健康、教育和社会事务。它的目的是有效地提供信息支持，并帮助用户解决实际问题。它是在各类科普教育展演中使用较多的一款多媒体交互软件产品，通过人机对话、多维互动使活动更具趣味性、竞争性和科技感，适合于各种知识科普、展览陈列、宣传讲座等场所。

6. AR 大屏互动

AR 大屏互动技术是将 AR 技术与大屏幕结合的应用。它通过手机等移动设备确定用户位置，再根据用户的位置和动作，将内容投射到智能屏幕上。同时，通过多种交互方式，如语音、手势和触摸，使用户可以与智能屏幕进行交互。

AR 大屏互动技术可以实现更多精彩的效果，如 3D 模型、多维度视频及虚拟现实技术，从而提高教学和应用效率。把由电脑所产生的文本、图形、三维建模、声音、视觉等数据进行模拟后，再运用到真实世界中。两种数据相互作用，进而达到了对真实世界效果的"增强"。如劳动培训、成果展示、互动教学的场景不但可以使体验更真实，而且操控更简单。

7. 数字模型与动画

数字模型与动画是一种将复杂的人物、场景和对象模型以及其变化过程加以真实化的设计方式，是 3D 计算机图形学和计算机动画技术的结合体。

利用数字模型及动画技术，可以实现许多令人惊叹的视觉效果，使人物、场景和对象具有完整的动作和外观，显得更加逼真，从而丰富我们在电影、电视和视频游戏中看到的场景。数字模型突破了传统单调的实体模拟沙盘表现手段，在常规的沙盘模式上，添加了多媒体自动化程序，可以形成强大的视觉效果，给人以震撼感。还可以使用触摸屏来浏览相关的展示信息，简洁方便，带给大家一种崭新的感受。

二、智慧农业设计

智慧农业设计是一种基于信息和人工智能技术的新型农业科技，旨在通过大数据、互联网、遥感及智能传感技术等来改进现代农业生产。

智慧农业设计具有以下主要功能：首先，采用大数据技术对农业生产进行智能监督；其次，利用无人机技术进行农田航拍，实现数据采集和分析；最后，还可以利用传感器技术实时监测气象及作物情况，准确发现气象变化和作物病虫害，以便及时采取措施。从广泛含义上看，智慧农业还涉及农产品电商、食品追溯防伪、农业休闲观光、农产品信息平台等领域的信息。

智慧农业主要有以下三种模式。

（一）智慧种植类农业基地

包括花卉基地、苗木基地、种子基地、大棚蔬菜基地等。集新型的互联网、云计算和物联网于一身，借助部署于生产场景中的多个感应器节点（自然环境温湿度条件、土地水分、二氧化碳、信息等）以及无线通信网络，完成对农作物生产的智慧观察、智慧警示、智慧判断、智慧分析、专家在线辅导等，给农村生产环境带来了精准化种植、可视化管控、自动化选择，增强了农业产品对自然环境风险变化的适应能力。智慧种植不但节省了人力、提高了效率，科学的培育、恰当的生长环境，还会让农业的产量大大提升。

（二）智慧养殖类农业基地

包括家畜、水产饲养等，采用智能养殖监测技术对饲养舍内的灯光亮度、气温、湿度、通风状况、草料饲喂情况等实施集中远程管理、即时监测，从而提高养殖效益，降低风险。

图 2-2 伊利集团液态奶全球智造标杆智慧基地　供图：由杰

（三）智慧观光类的农产品基地

智慧观光类的农产品基地一般分为农产品观光基地、休闲农业园、采摘农产品园、生态农业园区、民俗观光园区等。例如，农业迪士尼就属这一类别。

 拓展阅读

山东省绿鑫春生态园劳动教育实践基地

该基地建设有科技展厅和果蔬科普观光与采摘大棚，整体设计以地方文化为底蕴并结合现代高科技农业，实现文化与科技的有机结合，堪称现代农业与艺术相融合的完美之作。园内引进了300余种国内外各地区温室栽培的蔬菜、瓜果，通过景观化设计，实景展示观光栽培场景。观光园主题景观有儒学景观、科普迷宫、福水长流、招财进宝、花港观鱼、蔬菜树、观光百果长廊等，同时作为高科技展厅，集中展示了雾培、水培、沙培、有机栽培、无土栽培、立体栽培等果蔬栽培的前沿技术，寓教于乐，真正实现学习和娱乐两不误。果蔬科普观光与采摘大棚占地面积600余亩，建有高科技智能温室4栋、温室大棚40余栋。主要生产南方多品种矮化果树及绿色有机蔬菜，其中南非冰草、赤松茸、圣女果、千禧果、金钱橘、水果黄瓜、有机西红柿、有机菜花、变色彩椒、将军红油豆、火龙果等二十多种绿色纯有机果蔬，全部通过了国家绿色食品有机认证，并取得绿色食品证书，在果蔬收获季节可供师生观光和采摘。基地充分利用人

项目二　提升劳动教育实践基地智慧园区规划

工智能、BIM（建筑工程信息）、GIS（地域计算机信息系统）和云计算技术等技术搭建了园区智能管理系统，实现对基地实时动态的监管，充分体现数字化管理优势。

三、智能工业设计

智能工业设计是一种使用人工智能技术来优化产品开发、制造设计的全新设计模式。主要包括以下几个方面：第一，利用人工智能技术对客户需求进行快速、准确的预测，提供切实可行的解决方案；第二，利用数据挖掘及机器学习技术有效改善产品功能性和用户体验；第三，通过手势操作识别技术、3D打印技术和虚拟现实技术，实现从产品原型到量产设计的自动化及智能化。这些措施大大提高了工作效率和产品质量，降低了成本和劳动力资源耗费。

机器人之家——山东诺博泰智能科技有限公司

　　该公司占地面积66 000平方米，建筑面积42 000平方米，员工总数170余人。公司业务范围几乎囊括所有与金属材料和非金属材料的工业加工相关的产品和服务。该公司立足于机器人系统设备的生产、集成、销售，拥有多项发明专利，引进德国库卡机器人先进技术，并与国外多家机器人公司进行技术合作，开发适应于中国市场的机器人系统、无人化智能柔性制造生产线、各类机器人变位机等产品，如焊接机器人、切割机器人、搬运机器人、雕刻机器人、切割机器人。该公司也是青少年劳动教育实践基地，每年均接待10余批次中小学生参加劳动实践。

四、智慧物流体验

智慧物流主要是指把条码、射频识别技术、光电信息、环球位置信息系统等领先的物联网技术，通过数据处理与通信技术运用于物流业的搬运、储存、物流、打包等基本活动环节,以实现货物运输流程的智能化运营管理与高效优化管控,从而提升物流产业的整体技术水平,降低经营成本,减少政府与社会资源的耗费。

 **拓展阅读**

京东物流以"技术驱动,引领全球高效流通和可持续发展"为使命,致力于成为全球最值得信赖的供应链基础设施服务商。建立了包含仓储网络、综合运输网络、最后一公里配送网络、大件网络、冷链物流网络和跨境物流网络在内的高度协同的六大网络,具备数字化、广泛和灵活的特点,服务范围覆盖了我国几乎所有地区、城镇和人口,帮助客户优化存货管理、减少运营成本、高效分配内部资源,实现新的增长。

智慧物流系统注重的是物流过程中的信息自动化、网络协同化以及决策自动化。通过信息的智能收集技术、智能传输技术、智慧管理技术实现物品标识、地点追溯、物品跟踪、物品监测、实时响应等全流程服务。

智慧物流的未来发展趋势表现为四大特征:高智能,全球化和层次性,柔性化,社会化。

五、智能创意智造设计

智能创意智造是一种新的创造思维模式,它以数字化为基础,提供全新的创新方法来支持创新及生产力的提升。智能创意智造的核心思想是通过数据与分析、自然语言处理、机器学习、计算机视觉技术等人工智能技术,实现从构思、设计、开发到生产的整个产品生命周期的自动化,从而快速、准确地进行创新及智能创意智造。近年来,人工智能理论与技术发展越来越成熟,应用领域也在扩大,在智慧城市、智慧交通、智慧教育、智能家居、远程医学等多个领域中广泛应用。

拓展阅读

为引导师生充分利用信息技术,助力信息素养提升,由中央电教馆发

项目二　提升劳动教育实践基地智慧园区规划

起的全国学生信息素养提升实践活动（原中小学电脑作品制作评选活动），坚持以"实践、探索、创新"为主题，将创意智造、人工智能项目和机器人项目一同归为科创实践类。创意智造意在使学习者掌握新一代计算机方面的知识与主要方法，了解计算机产品的使用案例，并根据自己的生活实践，以提高人类生活品质为目的，利用适当的结构设计、合理的电极片使用、合理的材料使用、合理的接口使用，进行产品创意，包括趣味电子装置、交互式多媒体、智慧机器等。最终完成自己的人工智能创意研究计划，最终探究人工智能世界的秘密。

全国学生信息素养提升实践活动（科创实践类）项目设置

项目名称	组别
创意智造	小学组（四年级以上）、初中组、高中组（含中职）
人工智能—优创未来	小学组（四年级以上）、初中组、高中组（含中职）
智能机器	小学组、初中组、高中组（含中职）

智能创意智造设计的特点：

（1）以工业设计方法论为导向。人工智能设计的进展，从根本上是对产品设计实质规律的认识。而产品设计方法学，对产品设计基本原理、过程设计思维特点和方法学规律的研究，是用人工智能设计模拟人工产品设计的基本依据。

（2）以人工智能技术为实现手段。通过各类电脑设计软件、3D打印机、激光切割机等，整合开源硬件，创作出具有创新性思想、在各领域综合运用的作品，可实现互动演示。

（3）面向集成的智能化。不仅支持整个产品设计的全过程，还兼顾与CAM系统的整合，并提供了统一的数据模型与数据界面。

（4）实现增强的人机交互能力，促进了人工智能产品设计的最优化。

 **拓展阅读**

由教育部教育技术与资源发展中心（中央电教馆）主办的第二十三届

全国学生信息素养提升实践活动圆满落幕。邹城市电厂小学报送的《智能小屋》作品，经层层选拔，作为山东省唯一代表队参加科创实践类（人工智能—优创未来项目）项目，荣获小学组第一名，被评为"创新之星"。两位同学结合自己的生活经验，利用各式传感器打造了一个"智能小屋"。小屋入口处设置自动检测平台，符合检测条件后，大门会自动打开，便于车辆或行人的进入。屋内，电子设备均是各类感应器，感应居住人的不同行为，完成自动开门、亮灯、开空调、垃圾分类提醒、调节窗帘和火灾报警器等一系列步骤，减少人与物之间的接触，避免能源浪费，同时给居住者带来更便利的体验。

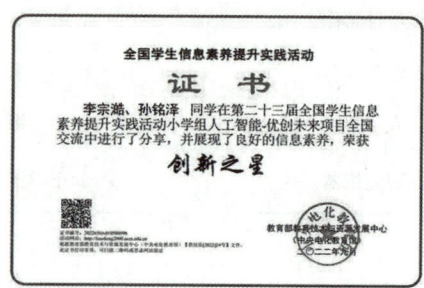

（本案例及图片由邹城市电厂小学石建星老师提供）

六、智能服务设计

视频：刘东波谈劳动教育实践基地智慧园区智能服务

（一）基地智慧通（卡）

一卡在手，学生即可在基地内畅行无阻，并且能够实时记录其在基地内学习、生活的所有活动轨迹。尤其是借助人脸识别技术，可以无感知地精确辨识进出人群的身份信息，自动记录车辆进出的日期、位置，为基地、学校、家庭交流互动提供支撑。借助此卡，可实现在基地内所有消费的智能化管理。

（二）智慧班牌

智慧班牌结合了"硬件＋软件＋培训"与服务管理，是建设劳动教育实践基地的特色教学管理平台和特色文化传播平台。为每个活动场地配置一套班牌，一般安装在场所门口，用来显示场所信息、基地文化、评价结果等，基地最新活动、最新动态通过智慧班牌及时呈现给学生，一目了然，学生也可通过绑定自己的信息，提前收到通知，再也不用担心因遗忘而耽误参加活动。通过智慧班牌自带的摄像头实现智慧签到，既精确，又杜绝了代签的发生，还可实时把签到情况反馈给带队老师、家长，大大提升了效率，实现基地、学生、员工以及家长之间的互动。

（三）智慧照明

使用智慧照明控制系统，能够针对各种场景、各种人员、各种应用，对时间、工作模式等做出分类，能够把不必要的照明设备关闭，在需要时能够自动打开。

此外，智能灯光控制系统能够充分利用自然光，进行室内外照明灯、园区路灯的自主调控，完成各种环境下的各种灯光运行，在确保必要灯光的同时，降低不必要的功率，延长灯具的使用寿命。这将便于经营者管理，方便维护，实现节能降耗增效。

（四）智能停车管理

智能停车管理是借助互联网、传感器技术和大数据分析技术来提升停车管理水平的一种方法。采用蓝牙低功耗的技术应用在停车空位识别上，能够根据实时停车场的实际情况准确识别空位状态，向基地人员提供车位查询、车位引导、车辆查询等功能服务，从而完成对停车资源的统一规划和管理，实现停车场的高效运营。可有效减少交通拥堵，有效缓解停车难，找车难、管理难等问题，改善基地智能化体验。

（五）机器人送餐、引导服务

用机器人替代送餐员、快递员、引导员等，能够降本增效。根据不同的场景，机器人可以在餐厅给学生提供点餐、送菜服务；可以在基地服务大堂、门口提供引导服务；可以代替快递员从配送站点送货给指定地点、人员。

（六）智慧交通体验

智慧交通体验主要是指借助信息技术构建一整套智能化交通体系，使用户能够更有效地完成出行任务。例如，可以在劳动教育实践基地内让学生通过智慧交通 APP，获取准确的交通数据和乘车服务；通过实施交通行为识别技术及数据挖掘，更好地分析及预测出行需求；通过地图推荐等技术，提供实时的出行路线规划；通过采集传感器数据，实时监控交通堵塞状态，调度车辆尽快及安全地到达目的地。此外，还可以通过乘坐基于 5G 技术的新能源自主驾驶汽车，让学生体验无人驾驶技术带来的便捷和高效。智慧交通标志着基地生活服务智能化的升级。

任务回顾

请结合劳动教育实践基地实际运用情况，设计可以选用的智能应用场景。

任务三　构建基地智慧管理体系

任务导入

辽宁省抚顺市探域未来社会实践教育基地拟筹建基地数据中心，建立一套基地智慧管理系统，提高基地运营和管理效率。但是基地项目负责人赵经理却不熟悉基地智慧管理系统，于是她就到教育局电教站请教专家刘站长。刘站长为她指出了关于数据中心建设需要注意的问题和智慧管理系统的内容，她非常满意和高兴。

请思考：

（1）数据中心建设需要注意哪些问题？

（2）你认为一套完善的智慧管理系统一般应包括哪些内容？

任务实施

劳动教育实践基地智慧管理体系建设是一项系统工程，第一，要明确建设目标、范围及对应的技术平台；第二，根据实际情况选择合适的智能技术，如大数据、人工智能、物联网、云计算等，搭建智慧管理体系的计算框架及数据资源管理；第三，利用现有技术和资源，用最优方案建设智慧管理体系，不断更新和完善。

一、做好基地数据中心建设

劳动教育实践基地活动场景的数字化以及管理和运营的智能化，是未来劳动教育实践基地发展的必然趋势。做好数据中心建设主要包括以下几个方面的内容。

1.数据中心机房建设

数据中心机房建设为信息中心提供了重要的基础设施保障。机房包括工作场所、房屋、供电、中央空调控制系统、灭火控制系统、防雷和接地设备等，为数据中心安全运维创造了健康、可靠性、纯净的电力和自然环境。

2.网络环境建设

网络环境建设包含了数据中心内部网络系统构建、与外界互联网的连通等，并作为数据中心内部基础设施体系，完成数据中心内部高速数据的互联和交流、数据中心与外界互联网的连通等功能。

3.网络安全建设

网络安全工程主要涉及防火墙、安全网闸、攻击侦测、渗透扫描、反病毒、安全接入、签名认证，以及对网络安全问题的监测和治理系统等。

4.服务器系统建设与设计

一般来说，服务器可以分为较大机、小型机、工作站、普通服务器、存储设备，以及一些可以进行运算、储存、数据分析等的装置，可结合业务发展趋势，根据基地规模以及应用需求选取相应设备。

5.信息资源开发与应用

实现对信息资源的有效开发利用，尤其是通过数据库系统建设，进行大数据的储存、更新、保护与使用。信息资源开发与应用包括以下方面。

（1）数据交换平台建设。数据交换平台是进行数据交换和共享的重要信息技术基础设施。在构建数据交换平台之前，需要明确基地的业务需求，分析数据的流向和交换的形式。接着，依据业务需求，选择合适的技术架构，以实现技术支持业务需求的数据交换。此外，还需要采用安全技术来保证数据安全性，例如数据加密、权限控制等。最后，需要建立相应的管理制度，以确保数据交换平台的正常运行。建立数据系统，将有助于实现各种业务系统间的数据共享，同时为劳动教育实践基地经营决策提供可信的信息数据。

（2）统一信息通信与OA平台。统一信息通信与OA平台是一种旨在改善企业（机构）信息流通效率的软件系统，它包含信息管理、办公自动化和协同工作等功能。其作用为：可以实现员工之间方便快捷的信息交流，有效提升沟通效能；可以进行文件共享，节省纸质版本文件之间不断复制传输的时间成本；可以建立统一档案库，方便数据管理，提高工作效率；可以通过实施办公自动化，减少重复工作，提高工作质量；可以系统整合不同人群、不同部门的工作，实现信息共享，提高团队协作效率。譬如，浙江某劳动教育实践基地自从通过门户、OA、即时通信、统一用户管理、邮件等全面升级改造后，不同部门的工作人员可以自动地进行申请、查看、协同、流转，不仅整合了各类办公资源，而且提升了全员办公效率与基地管理水平。

二、建设数字化公众服务云平台

数字化公众服务云平台基于云计算技术，可以为劳动教育实践基地提供安全可靠的全球性服务。这些服务可用于数据采集和分析，信息交换和管理，以及其他商务、行政和信息类应用。云平台汇集的数据资源包含了劳动教育实践基地的数据及其他相关数据资源，并通过对这些数据资源的管理、分析和共享调用实现对基地的智能管控。

（1）平台整合了在智慧园区建设中广泛使用的各类技术，包括人工智能、BAAS系统、物联网系统等，为基地数字化建设提供了支撑。

（2）平台包括信息储存、逻辑管理、用户控制与设置、管理与设置等功能模块，并支持对多种网关、传感器、控制器和物联网设备的动态连接与控

项目二　提升劳动教育实践基地智慧园区规划

制，可以利用开发的 API 接口获取大量数据，从而建立具备复杂逻辑能力的各种应用环境。

（3）实现对光线感应器、温湿度传感器、人体红外线感应器等的信息储存。

（4）可以通过远程手动或自动执行控制指令，进行远程管理、控制。

图 2-3　数字化公众服务云平台运维模型图例

三、建设学生成长电子档案

学生成长电子档案（SGA）是一个协作式的电子学习系统，旨在收集、分析和存储学生的学习劳动数据，并使用有效的信息来支持教师和家长更加客观地评估学生的表现。电子档案可以完整地记录学生在基地中完成劳动学习与实践的过程性数据，给我们描绘出一幅动态的、全面的、立体的学生成长发展画像。

学生成长电子档案（SGA）通常包括如下内容。

（1）学生的基本信息，如性别、出生日期、家庭住址和联系方式。

（2）学生在劳动过程中的表现，如劳动成绩、考核情况以及老师评价。

（3）学生的兴趣特长和劳动成就；学生参加的劳动实践活动和小组活动以及学生参与的家庭、生产和社区劳动服务等内容。

（4）学生在劳动教育实践基地参与的劳动实践项目、表现、取得的成果。

电子档案的信息呈现形式多样，可以是文字、表格、图片、视频等，能够帮助教师和家长客观评估学生的核心素养和学习能力,并帮助学生规划学业计划和发展路径。

 拓展阅读

大数据赋能下的"学生成长档案"

某劳动教育实践基地通过教育云平台的"教学助手、人人通空间、活动广场"等应用,对学生的日常课堂表现、日常知识层面,进行定性和定量数据收集,同时结合学生的客观表现,如成果、特长、爱好、表现、学习、劳动、人际关系等不同内容,来加以整合以及评价分析,通过这些信息,可以让指导教师掌握更多针对性的教学策略,并制定出能反映学生真实学习表现和成长过程的教学方法,促进学生获得全面发展。这份不断更新的"电子学生成长档案"会一直伴随学生的成长,基地电子档案与学校电子档案有效衔接,为学校管理提供依据,发挥档案育人的显著功效。学生们说:"我喜欢电子成长档案,因为它可以把我在学校和基地所有的表现都记录下来,有老师们、同学们、父母对我的评价,还有我的劳动课堂的表现,我参加劳动活动的记录等,这样我的成长就不会'丢'了!"

大数据时代下的"学生成长档案",通过个体纵向、群体横向的交错,使基地、学校、家庭形成合力,筑起了一个三维立体的空间,发挥了档案育人的显著功效,留下学生异彩纷呈的成长痕迹,引导学生走向个性化成才之路。

四、搭建数字化服务网站

数字化服务网站是指一种使用网络或互联网技术提供服务的网站,其主要目标是通过提供更快捷、高效、方便的服务来提高师生和家长的满意度。搭建数字化服务网站需要实施以下步骤。

1. 确定技术解决方案

包括采用何种服务器、网络和数据库技术,使用何种 Web 开发技术和原生应用程序以及其他相关技术。

2. 搭建技术架构

在技术方面,需要考虑诸如安全、性能和可伸缩性等问题,以确保系统能够提供安全可靠的服务。

3. 设计用户界面

设计一个简单易用、易于操作的用户界面,以提高用户体验。

4. 安装系统

部署系统软件并将所有构建的组件联系起来,以确保系统的完整性。

5. 测试和部署

测试系统以确保其正确性,完成上线测试后就可以正式发布运行了。

五、开发基地 APP 应用服务

(一)基地APP功能

基于基地数字化公众服务云平台开发的 APP 应用以其小巧、灵活、便捷的特性得到广大用户的偏爱,它可以实现以下功能:

(1)传播基地新闻资讯。APP 能通过新闻资讯及宣传基地(校园)的新闻通知公告,介绍师生的优秀典型,从而形成良好的基地读书实践风气,展现基地活力。

(2)管理学员信息。将学生的注册资料、项目参加记录、实践结果记录、学习效果,以及课程表、档案等,统一利用平台管理。一方面有利于平台的管理,另一方面便于实践基地与学校、辅导教师与家长的沟通。

(3)了解基地劳动活动。社团是丰富学生基地研学生活的重要组成部分,通过 APP 可以随时了解社团活动时间、报名程序等,展示学生丰富多彩的基地生活。

(4)解决基地日常生活服务需要。项目包括基地的饮食服务、住宿服务、交通咨询、打卡考勤、维护报修、闲置物资交换等。

(二)开发基地APP应用服务程序的步骤

开发基地 APP 应用服务程序要经历以下步骤:

（1）完成需求调研，确定基地用户需求，并设计出一个可以向用户提供更好服务的应用程序。

（2）完成功能规划，设计应用程序的技术框架，解决安全、性能和可伸缩性等问题，以确保系统能够提供安全可靠的服务。

（3）开发原型，设计一个简单易用、易于操作的用户界面，以提高用户体验，并完成程序编码，使应用程序能够实现预期的功能。

（4）完成运行测试，以确保应用程序的完整性和正确性。

（5）正式上线发布。

任务回顾

（1）劳动教育实践基地数据中心建设涵盖哪些内容？

（2）劳动教育实践基地智慧管理体系主要包括哪几个方面？

任务四　规划劳动教育实践基地智慧安全系统

任务导入

在某市劳动教育与安全管理研讨会上，教育部数字化学习支撑技术工程研究中心特聘研究员刘东波指出：劳动教育实践基地要保障安全稳定高效运行，基地的智能安全系统不可少。劳动实践基地建设前期要策划好基地智能安全系统，同时还要维护好基地网络安全。

请思考：

（1）智能安全系统涵盖哪些内容？

（2）如何维护基地网络安全？

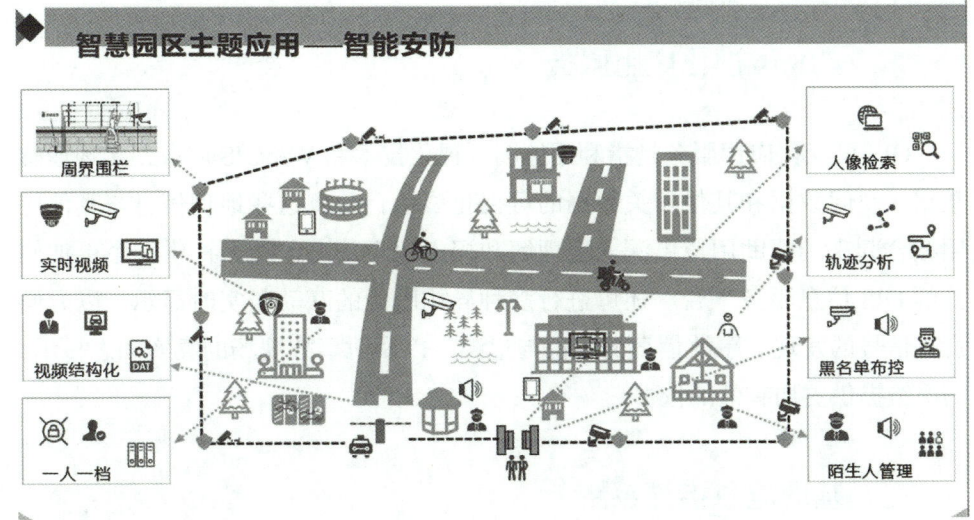

图 2-4　某园区智慧安防系统示意图例

任务实施

劳动教育实践基地智慧安全系统以建立和谐有效的安全体系与管理机制为总体目标，其实现要求以系统、机构内的大数据和信息系统为对象，采用网络安全等基础理论与信息技术，并运用大数据分析、人工智能、物联网等技术，以形成感知灵敏、数据精确、信息通达的基地智慧安全信息共享体系。智慧安全系统涵盖如下几方面内容。

一、数字安防系统

以基地智能化管理系统为基础，接入基地的视觉监测、周界告警、与师生通信对讲、电子巡更、无线电广播、入侵报警联动等子系统，实现"集中监控、统一指挥、安防联动"。在出现非法入侵后，系统主动将报警信号和图像同时发送给移动客户端和指挥控制中心，系统经核实后，按照预先制定的规则实施声光报警，并及时启动应急措施，从而使事故得以及时处置，基础设备安全等级得以提高，基地财产和师生的生命安全也得到保障。

二、GIS 可视化应用服务

GIS 可视化应用服务是指利用地图可视化技术和 WebGIS 服务，实现遥感数据、空间数据和其他相关数据的可视化展示，并将这些地理信息与其他应用结合起来，帮助用户更深入地理解和探索地理信息，从而提供一个更加便捷的 GIS 信息服务平台。还可进行多种异构图像的互动与实时显示，以方便意外信号的发现、事故信息的定位与追溯，以及对事故现场的真实动态显示，为决策提供更加有效的依据。

三、基地应急指挥系统

劳动教育实践基地应急指挥系统旨在确保劳动教育实践基地的安全稳定运行，有效应对突发事件，减少不必要的经济损失和人员伤亡。包括建立完整的应急预案和应急指挥解决方案，全面规划应急指挥系统，含监测设备、防火设备、通信系统等。重点解决安全保障、指挥调度、应急信息采集、应急救援等问题，以保护师生生命和财产安全。

其业务功能主要表现为：紧急值守、应急事项上报，与上级应急主管部门协调指导、调配、处理各种紧急事项，以及预测预警和灾后重建任务等。

四、物联网智能管理系统

物联网智能管理系统可以帮助劳动教育实践基地实现自动化行为管理，智能检测和危险判断，大幅提升运行效率，降低运行和维护成本。

（1）打造运维管理的全新模式，采用移动办公、手机端控制、大数据更新、电子巡更、现场检测与预警等手段，让平台所运用的管理信息更加准确高效。

（2）通过综合服务平台，实现对基地内各种智能硬件设施（门禁、对讲、能耗、梯控、监控、停车、路灯等）的统一控制，达到节能降耗、精准高效的目的。

项目二 提升劳动教育实践基地智慧园区规划

（3）通过各类传感器对下水道、消防设备以及危险源进行安全预警管控。

（4）使用智能 APP 小程序，与各部门沟通交流活动（通报公示、申诉报修、缴纳及收费管理日常工作等），并受理相应事项。

拓展阅读

一些实践基地内井盖分布广泛，种类也较多，如果发生遗漏、破损、误开的现象，难以及时发现，将对人员和机动车辆的安全产生威胁。利用 NB-LOT 的无线远程智慧井盖监测装置，利用位置感应器对井盖状况进行实时监测，如果出现开启、移动等情况可以远程报警，从而有效降低了井盖丢失所带来的直接或间接危害，从而实现了基地智能管理。利用路灯智能管理系统，能够远程实时控制路灯位置和亮度，多盏路灯的工作状况可以一览无余，便于管理者及时、快速维修路灯，有效克服了路灯管理滞后、亮灯效率低、能耗大、运维效益差、生产成本高的问题，从而有助于实践基地实现降本增效。

五、网络数据安全维护

视频：刘东波谈网络数据安全维护

网络数据安全是指保护在网络上传输或存储的数据，其主要包括对网络数据流动的监督、可信赖的安全协议使用以及控制数据的访问权限。大量的财产和安全信息都存储在网络上，无论是由网络本身支持的数据活动，还是网络上其他用户通过电子邮件传输数据，都可能面临来自恶意网络的威胁，确保网络数据安全具有重要意义。

（一）网络数据安全的特征

（1）保密性。未经允许，信息不得泄露给非授权用户、实体。

（2）完整性。数据未经授权不允许进行改变，即信息在存储或传输过程中保持不被修改、不被破坏和丢失的特性。

（3）可用性。具有被授权实体可以访问并按需求使用的特性。破坏网络和有关系统的正常运行等都属于对可用性的攻击。

（4）可控性。对信息的传播及内容具有控制能力。

（二）维护基地网络安全的做法

维护基地网络安全需要做好以下几点：

（1）建立强有力的安全政策和制度，专人负责管理维护，通过网络访问控制、加密技术、安全防火墙等技术确保基地内所有网络和终端设备的安全。

（2）构建全程上线、全域涵盖、即时回应的智慧基地安全状态指挥中心即安全监管"智脑"，使得基地网络安全可管、可控、可追溯。

（3）做好对基地工作人员、教师、学生、家属等的网上信息安全宣传教育，指导其自觉遵守规定，确保信息安全。

（4）定期对网络进行安全审查，通过审查来识别可能存在的安全风险，并根据需要采取措施以确保安全。

此外，在网络布局方面也要注意安全，比如，将关键系统或数据库网络与其他网络隔离，以避免外部攻击者获取网络资源，造成安全风险。

任务回顾

（1）谈一谈物联网技术在智能安防方面有哪些特色应用。

（2）如何做好基地网络安全工作？

项目实训

请为自己所在的单位，起草一份智慧园区（基地）规划建设方案。

项目三
重视劳动教育实践基地招标投标

▎项目导读 ▎

　　劳动教育实践基地招标投标是劳动教育实践基地经常开展的重要工作。本项目内容重点介绍了劳动教育实践基地的招标工作和投标工作,最后从实践的角度阐述了在投标过程中的中标技巧。

潍坊市中小学生示范性综合实践基地　　供图:吕莹

学习目标

了解劳动教育招标人的含义及劳动教育招标人资格；熟悉劳动教育项目招标程序、招标公告或招标邀请的发布方式；掌握劳动教育项目招标主要工作环节；了解劳动教育投标人含义及劳动教育投标人资格；掌握劳动教育投标流程及中标技巧。

思维导图

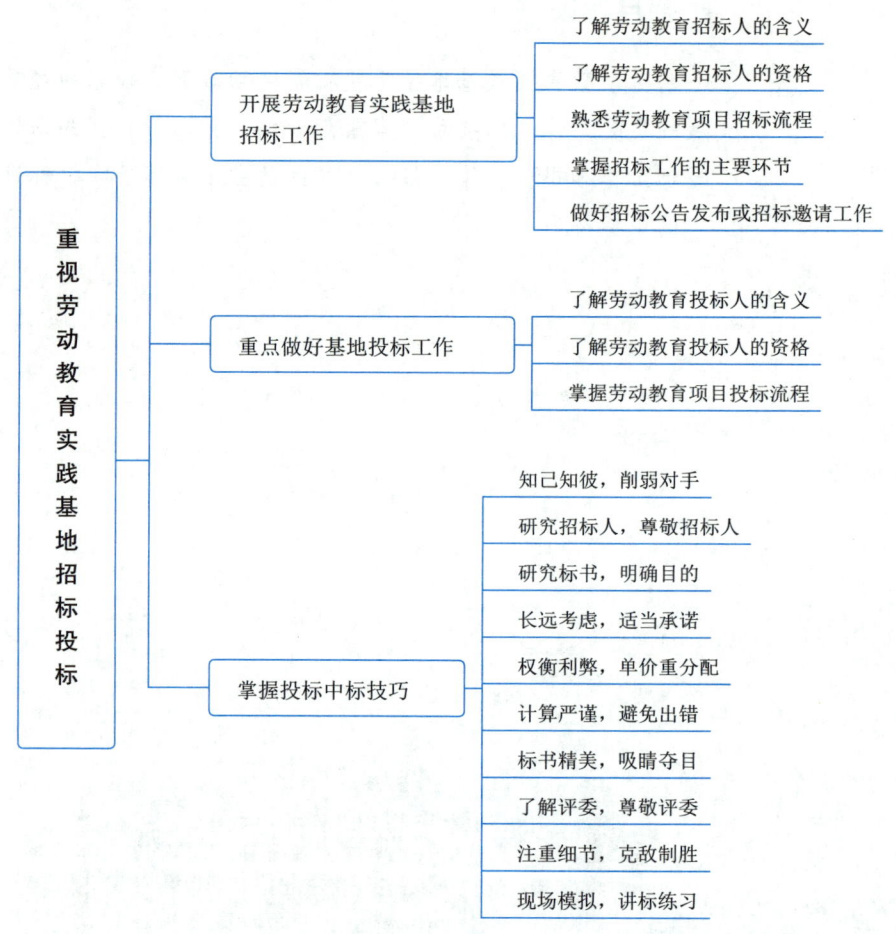

项目三 重视劳动教育实践基地招标投标

任务一 开展劳动教育实践基地招标工作

任务导入

某现代农业示范园占地800亩,采用"公司+基地+农户"的经营模式,创建了现代农业产业平台,示范园内有温室大棚、五谷杂粮种植区、禽类养殖区、特色农产品加工区、无土栽培区、有机蔬果种植区。示范园为了充分利用区域功能,实现土地的多层次开发利用,提升土地利用价值,结合《中共中央 国务院关于全面加强新时代大中小学劳动教育的意见》精神和教育部《关于印发大中小学劳动教育指导纲要(试行)》的要求,拟将对示范园所有软硬件项目进行升级提升,通过对现有区域、项目、设施进行提升改造,打造成一处劳动教育实践基地。示范园领导安排项目部张经理牵头做好本园基地招标工作,张经理是第一次参与招标工作,一下子不知道怎么做。

请思考:

假如你是张经理,你需要从哪些方面做好招标准备工作?

任务实施

作为招标单位,需要从五个方面做好招标准备工作。

一、了解劳动教育招标人的含义

劳动教育招标人是依照《中华人民共和国招标投标法》规定提出劳动教育招标项目、进行劳动教育项目招标的法人或者其他组织。根据《中华人民共和国民法典》第五十七条:"法人是具有民事权利能力和民事行为能力,依法独立享有民事权利和承担民事义务的组织。"该组织包括企业法人、机关法人和社会团体法人。法人不是自然人。

— 59 —

二、了解劳动教育招标人的资格

劳动教育招标人必须具备以下条件：

（1）必须依法成立，经国家职能部门核准登记后取得法人资格。

（2）必须具有必要的财产或经费。

（3）有自己的名称、组织机构和场所。

（4）能够独立承担民事责任。

依法成立的学校、教育培训机构、劳动教育协会、学会等都是法人，开展劳动教育活动时都具有劳动教育招标人资格。

三、熟悉劳动教育项目招标流程

（1）招标人编制招标计划，履行审批手续，取得批准。

（2）招标办或招标代理机构办理委托手续，确定招标方式。

（3）进行市场调查，招标办或招标代理机构与招标人确认招标项目后，编制招标文件。

（4）发布招标公告或发出招标邀请函。

（5）出售招标文件，对潜在投标人做资格预审。

（6）接受投标人标书。

（7）在公告或邀请函规定的时间、地点公开开标。

（8）由评标委员对投标文件进行评标。

（9）依据评标原则及程序确定中标人。

（10）向中标人发送中标通知书。

（11）组织中标人与招标单位签订合同。

（12）进行合同履行的监督管理，解决中标人与招标单位的纠纷。

四、掌握招标工作的主要环节

（一）编制招标文件

招标人在招标申请获得批准后，需要编制招标文件，其主要内容包括：
（1）项目简介。
（2）投标邀请。
（3）课程方案及要求。
（4）劳动教育保障及服务标准。
（5）投标人资质和条件要求。
（6）提交投标书截止时间、提交方式及标书文件封装要求。
（7）投标书的内容详单。
（8）开标说明：包括开标时间和地点、投标人参加开标的代表要求、投标人代表应现场提交的资料说明。
（9）评标流程及纪律要求。
（10）付款方式。
（11）招标方案的解释权声明。
（12）招标工作联系人及联系方式。

（二）确定标底

由招标人组织专业人员，按照劳动教育课程方案并结合现场实际，匡算出劳动课程项目总造价和单项费用，然后报上级主管部门等审定。标底一经确定，应严格保密，任何人不得泄露。如果有的招标人不熟悉编制劳动教育标底业务，可以聘请劳动教育服务基地相关人员代编。标底不能高于劳动教育项目批准的预算总额。

（三）进行招标

一般分为招标和报送标函、开标、评标、决标等几个步骤（具体说明详见本项目任务二中的内容）。

（四）签订劳动教育合同

投标人按中标标函规定的内容，与招标人签订包干合同。

（五）监督执行

合同签订后要由有关方面监督执行。可以将合同经当地公证单位公证，受法律监督，也可以由教育主管部门等单位进行行政监督。

五、做好招标公告发布或招标邀请工作

（一）招标公告的发布方式

（1）公开招标采用学校网站发布与多种媒体发布相结合的方式进行。明确预审结果公示及该招标信息发布一般为学校网站或其他招标单位官网，也可以是上级教育主管部门网站、报纸电视、线上劳动服务平台及各类新媒体。

（2）委托招标采用由委托代理机构根据需要选择合适的媒体平台发布的方式进行。

（二）招标邀请书的发布

劳动教育招标分为公开招标和邀请招标两种方式。当采用邀请招标的方式进行招标时，招标邀请书直接送达受邀单位，不公开发布。

（三）招标公告或者邀请书的发布时间

课程实施前2个月或者评标工作1个月前发布。

 典型案例

某劳动教育基地劳动教育课程设计招标公告

为深入贯彻落实党的二十大会议精神，全面贯彻党的教育方针，落实立德树人根本任务，充分利用我司劳动教育资源，引导大中学生开展有意

义的劳动实践活动，实施规范、科学的劳动教育活动，我司本着公开、公平、公正的市场竞争原则，现对我司劳动教育课程设计进行公开招标。

一、基地概况

我司劳动教育基地属于教育部第一批"全国中小学生研学实践教育基地"、省第一批中小学生劳动教育实践基地，是社会科学普及示范基地、省级现代农业示范园，占地1000亩。基地内有教学区、生活区、花卉园艺区、农作物种植区、家禽养殖区、蔬菜种植区、特产加工区七大区域。基地呈现规模化、集约化、机械化、智能化的现代劳动实践教育新模式。

二、招标内容及要求

（1）本司劳动教育课程分农业劳动、工业劳动两个主题，各主题课程独立招标，学校、劳动教育服务机构或者其他单位和个人可以就其中一个或两个主题课程设计投标。

（2）投标人在设计劳动课程时，应做好学生对当地劳动课程的深度体验项目安排，充分考虑当地的劳动教育资源，提升主题课程的品位，合理安排课程内容，设计好路线，做好课程计划，并合理报价。

（3）课程内容要符合教育规律，课程设计要同学校劳动课教师协商，经过学校教务部门审查后方可实施。

三、投标人资格和要求

符合以下资质、信誉度要求的劳动教育服务机构具备投标资格：

（1）投标人要有公认的诚信度，有固定经营场所、专业的劳动教育业务部门以及专职的劳动教育服务人员队伍；投标人应具备100万元及以上的注册资金和30人及以上的员工队伍，在三年内无重大质量投诉记录、不良诚信记录、经济纠纷及安全责任事故；投保责任险保险额不低于60万元/人、劳动活动人身意外险保险额不低于50万元/人。

（2）课程设计专家团队要求30%以上人员具有副高级职称，且60%以上人员具有各类相应教师资格证书。另外还要有其他岗位的职业技能等级证书。

（3）投标人投标时要携带投标人资质证明及具体经办人的单位授权书。

四、开标与评标

（1）基地成立评标小组。由基地评标小组初审投标文件的完整性、合理性和资格证明文件的合法性，初步认定投标的有效性。

（2）本项目由基地评标小组负责评标。采用综合评标法，原则上考虑报价合理、课程安排合理、同类项目业绩好、企业信誉好的中标，低于成本价和明显高于市场价的都将作为废标处理。在评标过程中，招标人对投标书中不明确的问题可以向投标人进行询标，并以书面形式予以记录，经双方确认后可作为以后签订合同的依据。评标小组在认真分析投标文书的基础上，遵循公开、公平、公正、合理、科学的原则，以表决的形式确定中标单位，并向中标单位发出中标通知。

五、付款方式

中标单位在接到中标通知后与基地进行商谈并签署合同。合同签订后可预付40%款项，劳动活动安全结束且双方对本次活动无异议后付清全部款项。

六、劳动课程质量要求

中标单位要严格按照招标文件载明的要求履行义务。若中标单位未能按规定的要求执行，由此导致的一切后果由中标单位承担。

七、说明

（1）标书中应含有投标人营业执照、投标人等级、诚信度证明材料、投标人经营许可证、保险单据、车辆及驾驶员年检证等。

（2）此次招标事宜基地劳动教育活动领导小组有最终解释权。

（3）投标方式：有意向参与投标且符合上述有关资质要求的劳动教育服务机构于2023年3月12日上午11：00前将标书送达基地董事长办公室。

联系人：张老师、吴老师。联系电话：略。

某基地

2022年3月5日

（本案例由李子尚提供）

项目三　重视劳动教育实践基地招标投标

任务回顾

简述劳动教育招标文件包括的主要内容。

任务二　重点做好基地投标工作

任务导入

小赵是辽宁抚顺某劳动教育实践基地职工。2023年3月，基地领导告诉她，抚顺某初级中学将在近期组织一次《弘扬雷锋精神，参加社区服务劳动》劳动教育招标活动，参加学生人数为4个班169人，劳动时间为两天。基地领导让小赵负责编写《弘扬雷锋精神，参加社区服务劳动》劳动教育投标书，参加该中学的劳动教育投标活动。小赵在高校学的是经济管理专业，对劳动教育招标投标有一定的了解，便欣然接受了编写投标书、参与基地投标的任务。

请思考：

小赵要圆满完成基地领导交给的编写投标书、参与投标任务，首先需要做好哪些工作？什么是劳动教育投标？投标有哪些流程？投标书有哪些项目内容？

任务实施

一、了解劳动教育投标人的含义

劳动教育投标人是响应学校或者教育管理机构招标，已在学校、教育管理机构或招标机构处领取劳动教育招标文件，并参加劳动教育投标竞争的法人或其他组织。任何未在招标人或招标机构处领购招标文件的法人或其他组

- 65 -

织均不得参加投标。如果劳动教育实践基地响应学校或者教育管理机构招标，已领购招标文件并参加投标竞争，就成为劳动教育投标人。

二、了解劳动教育投标人的资格

劳动教育投标人应当具备承担劳动教育招标项目的能力；国家有关规定或者招标文件对投标人资格条件有规定的，投标人应当具备规定的资格条件。

三、掌握劳动教育项目投标流程

根据《中华人民共和国招标投标法》规定，基地劳动教育项目投标程序是：研究招标文件—规划劳动教育课程体系—勘查现场收集资料—复核工作量—召开项目组织方案会—编制劳动教育手册—编制投标文件—提交投标文件—等待开标与评标。

（一）研究招标文件

（1）招标文件是编标的依据，每个参加编标的工作人员均须详细阅读招标文件及有关招标资料，充分了解招标文件的内容和要求，了解该项目的概况、规模、项目形式与特点，项目执行条件以及项目过程中的重点和难点，仔细领会招标方的精神和意图，以便编标过程中完全地、不折不扣地达到招标文件与招标方的要求。

（2）招标文件的重点是投标者须知，合同条款，劳动教育线路、劳动教育目的地范围、教学点内容，劳动工具、饮食要求、住宿要求、交通工具要求，学生数量、学生层级、价格水平，课程设计的要求、课程实施保障、劳动服务标准、标书内容清单、劳动教育实施过程，技术规范要求及特殊要求等。

（3）对招标文件应全面、详细地阅读，并记录好存在的疑问、重点与难点以及需要进一步落实和明确的问题。

（二）规划劳动教育课程体系

根据招标文件要求和劳动教育核心教学点的课程资源特点，结合空间和时间、学段要求确定劳动教育课程主题。根据课程主题链接其他相关教学点（基地、场馆、社区）设计劳动教育课程体系。

（三）勘查现场、收集资料

勘查现场的目的是使课程方案的设计更加完善。勘查现场应确认以下信息。

（1）与当地投标项目有关的法律法规，当地劳动教育项目专家及劳动力供应状况。

（2）劳动教育实践基地的属性、劳动教育目的地的教学点内容、劳动教育实践基地的经营状况。

（3）认真调查研究劳动教育线路、劳动教育目的地、教学点内容所在地的课程资源的自然条件、教学条件及环境。如劳动教育实践基地文化背景、政治背景、历史文化背景、自然资源背景、交通及水电等的供应和其他资源状况等。

（4）课程资源的安全性。在勘探环节即可完成安全注意事项及安全防范措施。

（5）课程实施的时间长度。规划好各课程之间的时间分配，做好每一个专题课程之间的时间衔接。

（6）课程实施的最佳方案。对多种可能的线路、场地、内容进行实地勘察，分析比较，按照安全第一、效率第二、舒适第三的原则，规划出最佳的课程方案。

（7）课程实施的物质条件。确认教学点必备的物质条件，特别是饮食饭店要求、住宿酒店要求、交通工具要求，必须携带的证件以及禁止携带或者禁止使用的物品。

（8）交通工具的要求。根据勘察信息，合理选择出行方式，确保交通安全高效。

（9）课程实施的方式。在了解课程资源特点的基础上，确定最佳课程教学方式。

（10）入住酒店的考察。对酒店房间设施以及安全疏散设施进行细致考察，对酒店设施的安全性及舒适性进行全面了解，对房间电器使用安全进行安排。

（11）劳动教育餐饮安排。对劳动活动中涉及的餐饮点进行考察，对学生的饮食做出科学合理的安排。既要保证饮食的安全性和营养搭配，也要尽可能让学生体验各地的特色美食，了解各地的饮食文化。

（12）劳动实践指导教师与项目专家、教辅人员之间关于课程实施方面的沟通。

（13）收集各种资源图文信息，为课程设计和劳动教育手册制作准备材料。

（14）参加劳动教育目的地现场踏勘与标前会议交底、答疑，清楚掌握学校招标要求。

若投标人因为开标会议之前来不及进行线路勘察，或者出于成本考虑暂不进行线路勘察，则必须对线路课程资源的相关信息做详尽的收集和研究。要与基地、场馆、餐饮、住宿等劳动服务供应方做好充分沟通，既是为编制尽可能规范的课程方案和劳动教育手册做准备，也是为了防止中标之后无法履行承诺而造成违约。但是在课程中标后，必须进行现场勘察，并根据勘察情况对已有课程方案及劳动教育手册进行修订。

 拓展阅读

某小学招标方案要求（片段）

某小学结合实际情况，需对全校2100名学生开展校外劳动教育实践活动进行招标。

招标要求服务范围：围绕学校给出的要求策划并组织具体劳动教育实践主题活动，提供适宜不同学段的学生参与，且不少于5种的农业种植、花卉园艺等实践课程项目（如犁地、培栽、搭建育苗拱棚、育苗、花卉定株移植等），切实体现寓教于乐和实践能力与理论知识相结合这一宗旨，并能围绕特定劳动主题设计出独特的活动环节。

招标要求环境标准：实践基地周边环境安全、无危险建筑、无地质灾害隐患、远离不利于学生身心健康的娱乐设施，提供航拍图等。

招标要求服务标准：具备可供学生参观学习传统、现代生产劳动，能给学生提供劳动教育实践课程等条件。

（15）参加招标方主持召开的标前会议。标前会议（即投标预备会议）的目的，是澄清并解答投标人在阅读招标文件后和现场考察中可能提出的任何方面的问题。招标方在标前会议上会对招标文件做出一些补充说明、修正或者对投标文件有进一步的、具体的要求，并且会同有关单位一起对各投标单位提出的疑问做出初步答复。会后招标方会对标前会上的内容以补遗书和答疑书的形式发给各投标单位。补遗书、答疑书和其他正式有效函件，均是招标文件的组成部分，与招标文件的其他内容具有等同的地位，其内容、要求必须完全、切实地贯彻到编标过程中。

（四）复核工作量

根据招标文件复核或计算工作量，这是非常重要的一个环节。复核工作量包括整个的劳动教育工作量、辅助教学服务工作量，以及劳动教育服务全部成本。

（五）召开项目组织方案会

（1）项目组织方案会应由基地劳动教育实践活动专家或基地副总以上人员主持，后勤保障部门、运营执行部门做标及有关人员必须参加。

（2）会上应先由负责人介绍项目概况，招标文件的要求，现场踏勘及标前会议情况，然后提出初步的项目组织方案，并指出其重点、难点以及需要讨论确定或需要进一步优化的方案，供与会者讨论、比较、分析、研究，最后形成一个统一的、最合理的项目组织方案。方案应做到合理、优化，并完全响应招标文件的要求和紧扣招标方的意图。

（3）方案确定后，要让每个做标人员清楚了解，并贯彻落实到整个做标过程中。

（4）根据项目组织方案计算出临时项目增项，包括临时项目的物料、保障人员、执行人员等，经负责人审核后提供给运营执行部门做预算报价用。临时项目增加项应完全符合项目组织方案的要求，并且准确、详细、不漏项，以便于准确做好项目预算并为后期的成本分析、降造等提供参考依据，其往往对最后的投标报价是否具有竞争性起着重要的作用。

（六）编制劳动教育手册

课程方案和劳动教育手册可以由基地自行编制，也可以委托专业机构或者专业人士设计编制。所选择的专业机构应该拥有教育教学、课程理论、组织管理、安全管理、法律合同等方面的专业人才；所委托的专业人士应具有劳动教育教学能力、劳动教育课程理论知识、劳动教育活动组织能力、劳动专业知识、大中小学教育教学基础知识、安全管理知识、合同业务知识、文案编辑能力。

（七）编制投标文件

1. 确定投标文件内容

投标文件应当对招标文件的实质性要求做出响应，投标文件一般包括以下内容：投标函、基地简介、师资队伍、教学能力、服务标准、课程设计方案、教学过程详案、安全保障及其预案、投标报价清单、商务和技术偏差表。

2. 注重课程设计方案

课程设计方案是报价的基础和前提，也是招标人评标时考虑的重要因素之一。因此，在编制课程设计方案时，应在课时、内容、质量、方法、教学、安全保证等方面有创新，利于降低劳动教育成本，对招标人有吸引力。

3. 确定正确的投标策略

教学方案中要体现正确的投标策略，如注重信誉、低价、教学质量高、先进、富有特色等。

4. 把握技术标的策略

突出自身的优势，如劳动方法、劳动教具、师资技术力量、代表性业绩等；突出劳动教育质量管理，质量水平尽量优于学校、教育管理机构等主办方要求的水平；突出安全掌控优势，在满足主办方教学要求的同时，提出稳

项目三 重视劳动教育实践基地招标投标

妥的劳动教育安全目标和措施；向主办方提出一些有利于劳动教育的合理化建议及一些优惠条件。

5. 制定招标报价方案

结合线路勘察获取的教学点收费情况，根据招标公告公布的项目资金预算，对课程实施的保障与服务标准的要求进行预算分析，制定招标报价方案。

注意报价策略，劳动教育项目报价策略可采取不平衡报价法、多方案报价法、增加建议方案法、突然降价法、无利润竞标法、先亏后盈法等方式进行报价。

（八）提交投标文件

（1）注意投标的截止日期，即提交标书的最后期限，超过日期视为无效投标。

（2）投标文件应当对招标文件提出的实际要求和条件做出响应，如劳动教育线路、课程设计方案、教学方法、质量标准、报价限额等。

（3）投标文件应按招标文件要求结构完整、内容齐备。

（4）提供投标书的材料清单。投标书应该包括资质证明文件、保险证明文件、安全责任承诺书、劳动教育手册、应急预案、从业业绩证明材料、课程方案、展示课件光盘、投标陈述方案及其文案等。

（5）做好投标保密工作，同时搜集其他投标单位的投标资料，做出科学决策。

（九）等待开标与评标

1. 开标

开标时间应与提交投标文件截止时间同一时间公开进行。开标地点应为招标文件中预先确定的地点。

2. 评标、定标

评标委员会：一般由招标人代表和教育、旅游等方面的专家组成，其成员人数为五人以上的单数，其中教育、旅游等方面的专家不得少于成员总数的三分之二，并适当邀请熟悉招投标的法律法规的专家参与；评标原则：公开、公平、公正。评审方法：严格按照招标文件公布的评标办法和标准执行。说明：开、评标过程中，若有效标书少于三家，此次招标无效，需重新招标。

3. 中标通知

中标人确定后，招标人应当向中标人发出中标通知书，并同时将中标结果通知所有未中标的投标人。中标通知书对招标人和中标人具有法律效力。中标通知书发出后，招标人改变中标结果的，或者中标人放弃中标项目的，应当依法承担法律责任。招标人和中标人应当自中标通知书发出之日起三十日内，按照招标文件和中标人的投标文件订立书面合同，招标人和中标人不得再行订立背离合同实质性内容的其他协议。

典型案例

劳动教育活动课程投标文件

封面（文字）

某示范性综合实践基地投标文件

投标供应商：某示范性综合实践基地

授权代表：×××

日期：2023 年 1 月 6 日

目录

目录

序号	内容	对应页码
1	前言	
2	第一部分　投标函	
3	第二部分　基地概况介绍	
4	第一章　基地基本信息	
5	第二章　安全保障	
6	第三章　强大的劳动业务能力	
7	第三部分　劳动周课程内容	
8	第四部分　服务标准	
9	第一章　服务规范	
10	第二章　应急预案	

续表

序号	内容	对应页码
11	第五部分　详细报价清单	
12	第六部分　退款说明	
13	第七部分　资格证明文件	
14	第八部分　代表性教学案例	

前言

贵中学：

很高兴参加贵校"七年级劳动教育活动课程招标"的投标。我们对本次活动充满信心，对与贵校的合作充满诚挚的意愿。接到标函文件后，我们基地成立专门研标小组，经过细致的研究，认真查看了现有招标文件，根据劳动课程要求和我单位的实际情况认真编写了投标文件，我们认为有实力在确保按期保质、保量的前提下完成本次劳动教育教学任务，带给学生们一系列终生难忘的劳动教育课程。

现将标书递交贵校，诚请各评委审议。

投标单位：某示范性综合实践基地

法人代表：×××

2023 年 1 月 6 日

正文

第一部分　投标函

致贵中学：

1. 我方已仔细研究了贵中学七年级劳动教育活动课程招标的全部内容，现决定愿意承担贵校本次劳动的责任，并承诺按照合同约定完成计划，参加竞争性磋商。

2. 我们郑重承诺：本文件中提供的所有材料均真实有效。

3. 我们参与贵校活动供应商招标，我们同意提供有关本次采购的所有资料。

4. 我们理解，贵校无义务必须接受报价最低的投标，并有权拒绝所有的投标。同时也理解你们不承担我们本次投标的费用。

5. 如果我们被确定为成交供应商，为执行合同，我们将按投标供应商须知有关要求提供必要的履约保证。

投标供应商名称：××示范性综合实践基地

基地地址：××××××

邮编：××××××

授权代表：×××

日期：2023 年 1 月 6 日

第二部分　基地概况介绍

第一章　基地基本信息

基本信息情况

基地名称	××示范性综合实践基地	成立时间	2011年11月
基地性质	国有全额事业单位	资质证书编号	
营业执照号		规模（全职职员人数）	36人
法人代表姓名		开展劳动教育的年限	10年
曾经合作过的学校和教育机构			
联系人姓名		联系人电话	
具有特色的劳动教育课程及劳动项目			

（营业执照扫描件或原件清晰照片放置处）

第二章 安全保障

1.我们会为每位学生以及随行老师配备60万元保额的人身意外安全险。

2.为每个班级配备劳动指导老师2名、安全员1名、卫生员1名、服务人员1名。

3.为每个班级配备具有安全保障、车辆安全保险的劳动活动大巴1辆,10年驾龄的老司机1名。

4.为每位学生配备"劳动光荣"安全背心。

5.为本次劳动提供一辆应急车辆以及应急药物服务。

6.心理咨询师和家长志愿者随团活动。

第三章 强大的劳动业务能力

一、服务项目

劳动教育是由示范性综合实践基地根据区域特色、学生年龄特点和各学科教学内容需要开设的劳动教育项目。通过系列劳动教育项目的实施,对学生进行热爱劳动、热爱劳动人民的教育活动,强化学生的劳动观念,弘扬勤俭、奋斗、创新、奉献的劳动精神;强调全身心参与,手脑并用,亲历实际的劳动过程;充分发挥学生的主动性、积极性,鼓励创新创造。

二、劳动教育服务优势

1.价格低廉,只收取成本费

我基地是国有的全额事业单位,政府财政全额拨款,各项办公开支均由政府财政支付,是政府举办的非营利公益服务机构。我们根据劳动教育主题的特点,结合中学生群体的特征量身定制劳动课程内容,让每个学校、家庭支付更少的费用,获得更好的劳动体验。

2.在编专业指导教师实力雄厚

我们的师资团队成员均是在编的人民教师,具有本科以上学历,具有教师资格证和教师证,有8个副高级职称教师、18个中级职称教师,还有10个专业的劳动项目专家,都是各个行业领域的劳动能手、劳动工匠、劳动大师。教职员工都能熟练掌握教育教学规律和劳动课程教学技术,能提供专业的劳动教育指导教师服务,保证教学质量、服务质量、职业资格。我们只做让学生听得懂、学得会、能提高劳动素养的劳动教育。

3. 常规劳动课程与定制劳动课程相结合

我们有 67 个常规的劳动教育专题课程供学校选择。另外学校也可以结合自身主题或学校特色，制定更适合的劳动教育课程内容，选择更加多元化，专题课程更灵活多样。

4. 教学方式多样，教学方法灵活

我们常用的劳动教育方式打破了单一的劳动教育式，更有考察探究式、职业体验式、设计制作式、团队教育式、社会服务式、榜样激励式、场馆参观式等多种教学方式。

我们的教学方式更是多姿多彩，除了讲授法示范以外，我们大胆使用学生喜闻乐见的小组合作法、头脑风暴法、情境体验法、角色扮演法、参观访问法、成果展示法、跨学科教学法、世界咖啡法、六顶思考帽法、PBL 教学法、"从做中学"教学法，取得了良好的劳动育人效果。

5. 注重劳动教育的效果

我们基地课程的实施，注重围绕劳动教育的目标和内容要求，从提高劳动教育的效果出发，把握劳动教育任务的特点，抓住讲解说明、淬炼操作、项目实践、反思交流、榜样激励五个关键环节，开展劳动教学活动。

第三部分　劳动周课程内容

根据七年级学生的特点，劳动周课程内容清单如下表所示。

基地七年级学生劳动安排清单

任务群	劳动清单内容
1. 整理与收纳	宿舍内部物品的整理与收纳
	教室内部物品的整理与收纳
	宿舍的装饰和美化
	教室的装饰和美化
	行李箱整理与收纳

续表

任务群	劳动清单内容
2. 烹饪与营养	一日三餐的食谱设计
	制作午餐中的 3 道菜
3. 家用器具使用与维护	认识螺丝刀、扳手等家用工具
	了解空调滤网的清洗
	了解饮水机的清洗、消毒
	家用电器小故障的判断与维修； 拆卸、清洗和安装电风扇； 保养吸尘器，清理集尘盒
4. 农业生产劳动	盆栽荷花栽培技术
	微景观盆景制作
	茶叶采摘与制作
	金鱼养殖技术
	农药的安全使用方法探究
	春天的冰雹对樱桃树的影响及应对
5. 传统工艺制作	制作陶器工艺品
	篆刻技术
	拓印制作
	皮影制作
	编制草鞋
6. 工业生产劳动	制作木凳子
	设计校服
	参观纺织工厂
	设计与制作多功能笔筒
	制作声控小台灯
	参加劳模大讲堂

续表

任务群	劳动清单内容
7.新技术体验与应用	体验三维打印技术
	利用激光切割技术进行多功能书架的设计与制作
8.现代服务业劳动	酒店产品数字化营销方案设计
	家乡旅行路线设计
	家乡特产营销
9.公益劳动与志愿服务	我是博物馆、纪念馆讲解员
	社区公园公共健身设施维护
	我是植物保护志愿者
	我是动物保护志愿者

第四部分　服务标准

第一章　服务规范

一、服务宗旨

1.劳动教育活动的主办方、承办方和供应方应遵循安全第一的原则，全程进行安全防控工作，确保活动安全进行。

2.劳动教育活动坚持立德树人宗旨，遵循教育规律，着力培养学生的劳动素养。

3.劳动教育活动应面向全体学生，保障每个学生都能享有均等的参与劳动的机会。

二、教辅人员设置

（一）主办方人员配置

1.应至少派出一人作为主办方代表，负责督导劳动教育活动按计划开展。

2.每20位学生宜配置一名带队老师，带队老师全程带领学生参与劳动教育各项活动。

（二）承办方人员配置

1. 应为劳动教育活动配置一名项目组长，项目组长全程随团活动，负责统筹协调劳动教育各项工作。

2. 应至少为每个劳动教育班级配置一名安全员，安全员在劳动教育过程中随团开展安全教育和防控工作。

3. 应至少为每个劳动教育班级配置一名指导教师，指导教师负责制定劳动教育教学工作计划，在带队老师、导游员等工作人员的配合下提供相应教学服务。

4. 应至少为每个班级配置一名教辅人员，教辅人员负责提供劳动教育教学服务，并配合相关工作人员提供劳动教育教学和生活保障服务。

三、服务提供方基本要求

1. 服务方应具备法人资质。

2. 根据学校要求对劳动教育服务项目提出明确要求。

3. 有明确的安全防控措施、教育培训计划。

4. 与承办方签订委托合同，按照合同约定履行义务。

5. 连续三年内无重大质量投诉、不良诚信记录，无经济纠纷及重大安全责任事故。

6. 应设立劳动教育的部门或专职人员，宜有承接100人以上大中小学生劳动教育团队的经验。

7. 与供应方签订劳动教育服务合同，按照合同约定履行义务。

8. 供应方具备法人资质，具备相应经营资质和服务能力。

9. 应与承办方签订劳动服务合同，按照合同约定履行义务。

第二章 应急预案

为加强对此次劳动教育的安全管理，保障师生安全，确保活动安全有序开展，特制定安全应急预案。

一、交通事故应急处理

1. 立即组织抢救。发生交通事故出现伤亡时，劳动实践指导教师应立即拨打120求救并组织现场人员迅速抢救伤员，如不能就地抢救，应立即安排车辆将伤员送往离出事地点最近的医院救治，同时立刻通知带队领导及学生家长。

2. 保护现场，立即报案。事故发生后，应尽一切努力保护现场，并尽快报案。报公安系统110或交通事故122报警台，请求派相关人员赶赴现场调查处理。

3. 迅速向劳动教育领导小组领导报告。将受伤者送往医院后，劳动实践指导教师应迅速向劳动教育领导小组领导报告交通事故发生情况及学生伤亡情况，按领导指令开展下一步工作。劳动教育领导小组领导应在同一时间报上级行政管理部门并通知学生家长。

4. 做好本班其他同学的安抚工作。交通事故发生后，劳动实践指导教师应做好班级内其他学生的安抚工作，继续组织安排好劳动活动。事故原因查清后，要向学校带队老师及学校负责人说明情况。

5. 写出书面报告。交通事故处理结束后，劳动实践指导教师要写出事故报告。内容包括：事故的原因和经过；抢救经过、治疗情况；事故责任及对责任者的处理；学生的情绪及对处理结果的反应等。报告力求详细、准确、清楚。请学校负责人或班级带队老师在报告落款处署名。

二、财物安全保障

劳动实践指导教师随时提醒学生保管好自己随身携带的财物。若发生财物丢失，劳动实践指导教师和教辅人员积极配合寻找。贵重物品丢失，寻找无果，拨打110报警。

三、治安安全保障

1. 在劳动活动中，遇到歹徒行凶、诈骗、偷窃、抢劫等，劳动实践指导教师和教辅人员要挺身而出，全力保护学生的生命和财产安全，坚决同不法分子做斗争。

2. 劳动实践指导教师和教辅人员要提醒学生：贵重物品不要随身携带，离开大巴时不要将证件或贵重物品遗留在车内。

3. 劳动实践指导教师和教辅人员要始终与学生在一起，注意观察周围环境，不时清点学生人数；车行途中不得随意停车让无关人员上车，若有不明身份者拦车，劳动实践指导教师应提醒司机不要停车。

4. 发生治安事故，将当事学生转移到安全地点，力争追回钱物；如有学生受伤，应立即组织抢救。向劳动教育领导小组领导报告治安事故发生的情况并按领导指令开展工作，情况严重时，请领导亲临指挥、处理。

5. 安抚学生的情绪。治安事故发生后，劳动实践指导教师应采取必要的措施，安抚学生的情绪，力争活动按活动计划进行。

6. 写出书面报告。劳动实践指导教师应写出详细、准确的书面报告，除报案内容外，还应写明案件的性质、采取的应急措施、侦破情况、受害者和其他成员的情绪及反应、要求等。

四、预防走失

劳动实践指导教师和教辅人员在出发时要强调行程安排、注意事项、集合时间及地点，告知学生自己的手机号码。每次上车时清点人数。如发生学生走失应及时处理。

1. 组织寻找。劳动实践指导教师立刻同随团教辅人员和班主任协商，安排人员寻找走失学生，安排其他已经到了的学生在车上等待。

2. 及时汇报。及时将相关情况报告给基地和学校负责人。

3. 报警。积极组织寻找，立刻拨打110报警。

4. 向领导汇报。立刻向负责人报告走失同学情况。

5. 安抚学生。找到后，安抚走失学生情绪。时间允许的情况下，继续开展劳动教育活动。

五、纪律要求

1. 为了确保活动的顺利开展，劳动实践指导教师和教辅人员要配合学校老师教育参加劳动教育的同学遵纪守法，牢固树立安全意识，自觉遵守有关法律法规，要有良好的公德意识，有严明的组织纪律观念，认真服从学校、领队教师和教辅人员的管理，如违反相关规定或法律法规，造成不良后果的，由本人承担责任，返校后，学校应根据校规校纪严肃处理。

2. 全体师生遵守基地教学点的规定，遵守交通规则，随团统一活动，不得单独活动。

六、安全事故突发事件应急处理原则

迅速、快捷、高效，以人为本，保护生命，学生第一。

七、违纪违规处理

对在突发事件中处理不力、渎职的相关责任人坚决追究相关责任。

第五部分　详细报价清单

1.预算报价（学生）按照一周五天、480人核算

预算报价表（学生）

类别	项目	子项	单价（元）	次数	合计（元）	人均（元）
A	住宿费					
B	用餐费	基地学生餐厅				
C	交通费	包括大巴车险				
D	教材费	劳动课程手册、车贴				
E	专家费	往返车票、服务费、保险、餐费				
F	劳务费	基地指导教师服务费				
G	保险	保额为60万元				
H	物料费	工具、服装、耗材等				
	合计					

2.预算报价（教师）

备注：随团教师保险费用不能单独出具发票，可以放在餐饮或者住宿费里，但不能超标。

预算报价表（教师）

类别	项目	子项	单价（元）	次数	合计（元）	人均（元）
A	交通					
B	住宿					
C	保险					
D	用餐					
	合计:					

第六部分　退款说明

1. 若报名成功，未成团，费用将全部退还。

2. 若报名成功，校方提出退团，我基地则有权以出发日为准，按如下条款处理：

（1）校方或校方单位如提前2日提出退团，我基地方全额退款。

（2）校方或校方单位如提前1日提出退团，我基地方将扣除团体成本，退还相应金额。

3. 行程中的解约责任

校方在行程中单方要求解除合同或自愿放弃某项劳动课程项目的，我基地方有权不予退还相应费用，如双方另有约定，从其约定。

第七部分　资格证明文件

1. 法人代表身份证复印件（加盖公章）。

2. 示范性综合实践基地营业执照复印件（加盖公章）。

3. 示范性综合实践基地业务经营许可证复印件（加盖公章）。

4. 银行开户许可证复印件（加盖公章）。

5. 社会保障金证明文件（连续6个月缴费清单）复印件（加盖公章）。

6. 示范性综合实践基地法人授权委托书（加盖公章）。

7. 示范性综合实践基地书面承诺书（加盖公章）。

8. 示范性综合实践基地无违规违法行为声明（加盖公章）。

9. 国家企业信用信息基地系统无重大行政问题证明。

10. 有关部门采购供应商信用记录表。

11. 企业信用评价证书。

12. 法人授权代表身份证复印件（加盖公章）。

13. 保险公司示范性综合实践基地责任保险统保示范项目保险单。

14. 近三年财务审计报告和缴税证明、财务管理办法和社会保障资金。

15. 近三年财务审计报告。

16. 2020年财务审计报告（加盖公章）。

17. 2021年财务审计报告（加盖公章）。

18. 2022年财务审计报告（加盖公章）。

19. 缴税证明复印件（加盖公章）。

20. 财务管理办法（加盖公章）。

21. 具备履行合同所必需的设备和专业技术能力的声明（加盖公章）。

第八部分　代表性教学案例

1. 合作学校名单（合同书复印件，加盖公章）。

2. 学生、家长评价证明材料（复印件，加盖公章）。

3. 获奖证书（证书复印件，加盖公章）。

4. 典型事迹报道材料（网站截图照片、报纸复印件，加盖公章）。

（本案例由中国智慧工程研究会劳动教育专业委员会委员李岑虎提供）

任务回顾

结合基地实际，谈谈基地如何编写劳动教育投标书。

任务三　掌握投标中标技巧

任务导入

某学校委托招标公司对该校学生校外劳动教育实践活动服务类采购项目进行公开招标。招标公告中对项目基本情况、申请人资格要求、获取招标文件方法方式、投标文件截止时间、开标时间和地点做了详细说明。招标公司在购买标书后对标书中的内容材料进行了详细学习，并准备撰写标书，参加投标活动。

项目三 重视劳动教育实践基地招标投标

请思考:

劳动教育实践基地在参与投标过程中需要掌握哪些技巧？

任务实施

劳动教育实践基地如何在学校劳动教育招标活动中确保自己的投标能够中标，涉及的因素很多，需要一定的技巧和策略。下面总结一些实践中得出的观点。

一、知己知彼，削弱对手

（1）知己是正确估计自己在同业中的位置、优势、弱势，扬长避短；知彼是充分了解招标人和各对手的实力、心态、背景，要清楚招标单位本次招标的意向，诸如是否想用本区基地、是否选用关系基地、是否低价招标等，了解对手常规报价习惯、实力、优势、背景等，合理选择标段，制定合理报价策略。

（2）削弱对手是指调研其他投标人，研究竞争对手，寻找对方的薄弱环节，削弱其投标能力。

（3）总结其他行业和领域失败的教训，借鉴成功的经验，应用到劳动教育招投标行业。他山之石可以攻玉。

（4）谨防招标方"量身定制条款"，反对围标、串标、弄虚作假等违法违规行为。

（5）同行可以不做朋友，但是绝不能成为敌人。同行有可能就是潜在的标评委。

二、研究招标人，尊敬招标人

（1）研究招标人，熟悉招标人，采用运动战、阻击战、迂回战，攻下投标人。投标函是尊敬招标人的体现，公司简介是自我介绍的名片。

（2）同招标人搞好关系，积极向他们咨询、请教，寻求指点、协调、帮助。尤其是主要领导和具体业务负责人，前期有针对性、有目的地邀请他们精准介入指导、参编您的课程方案和服务方案，让他们了解您的方案。最后在关键时期按照劳动教育规律和招标人意图规划设计、编写标书。

三、研究标书，明确目的

对于标书中不明白的地方一定要弄清，而且方式要正式、正规，少用电话，多用传真。编制标书一定要按照招标人要求，编标的时间要留有余地，编标的过程中收集尽量多的信息，最终决策报价时不要受太多因素影响。最终标书的格式一定要美观，严格符合招标人的要求。同时要明确基地投标的真正目的是获取利润、抢占市场、创造业绩、锻炼队伍、推销基地品牌等。

四、长远考虑，适当承诺

对一些条款、法律规定一定要很清楚，一次好的投标不仅是能中标，还应考虑如何在中标后借助合同条款为基地争取最大利润创造条件。另外，在进度和质量上多给招标人一些承诺。

五、权衡利弊，单价重分配

事实上，投标人对每一项的报价并不都是按照各种费用的真实比例来组合的，而是根据相关因素权衡利弊，进行单价重分配。单价重分配一般掌握以下原则。

（1）能早结算收款的项目单价可提高一些；后期完成的项目，单价可适当降低。

（2）预计可能增加的项目，单价应适当提高；预计减少的项目，单价应适当降低。

（3）对于暂定金额要具体问题具体分析。因为这类项目开始执行后再与招标人研究是否实施，其中肯定要做的单价可报高一些，不一定做的则应降低一些。

在以上原则外，还应注意：

（1）在采用上述"单价重分配"技巧时，要把调整幅度控制在合理范围内。

（2）编制投标报价不能死套定额，应根据实际情况及本基地的实际经营水平，让报价尽可能接近实际。

六、计算严谨，避免出错

第一，不要"漏项"，如果支付项下无单价，招标人则将不付给中标方漏掉那项的款项，而中标方却要按照合同要求无偿地完成那项工作。第二，注意数字计算问题，虽然简单，却很容易被投标人忽略，一定要计算准确，尤其是在单价合同中，千万不能出错。另外，在算标过程中，要注意严格保密。

七、标书精美，吸睛夺目

（1）编制完善精美的投标书。制作精美的纸质版及电子版的数字化标书是中标的核心要素。

（2）合法的资质证明。准备齐全、合法的资质，是中标必备的基本条件。

（3）项目要齐全，对照招标书，查漏补缺，不缺项。注意隐含省掉的项目，可能是奥妙无穷的玄关，也可能是留下的陷阱。

（4）劳动教育课程质量和服务质量是标书的生命。要千方百计做好劳动教育课程，确保标书和服务质量。一点点瑕疵可能就是一票否决你的理由。绝不能让标评委和投标方抓住漏洞。

（5）邀请劳动教育专家参与投标书编写。

（6）展示标书的显优要素，把独特的、投标方想不到的展示出来，让大家心服口服。做到人无我有、人有我优、人优我精、人精我变。

（7）技术标要根据本基地的特长及优势，采用一些较先进的教学方法和创新的课程来吸引招标人，一定要突出基地专业水平和特色，尽量采用一些新课程，以新求胜。

（8）展示中标成功案例。事实胜于雄辩，成功案例胜过千言万语。

（9）最后检查投标书文件资料，查缺补漏，检查内容如表3-1所示。

表 3-1　标书文件资料逐项检查表

项目名称：			
序号	检查内容	检查方法	确认
一、投标文件			
1	项目编号与名称	投标文件整篇项目编号与名称是否正确	
2	投标人名称	投标人名称与营业执照、资质证书、银行资信证明等证明、证书一致	
3	投标文件的排版	检查文件格式、字体、行数、图片是否模糊歪斜，是否按照招标文件要求编辑	
4	投标文件目录	投标文件目录是否完整，页码是否更新	
5	投标文件的完整性	对照目录进行逐项检查	
6	投标内容	符合招标文件规定	
7	页码、页眉、页脚	有无重页和缺页	
8	报价	注意货币单位	
		只能有一个有效报价（按招标文件要求去提交备选投标方案的除外）	
		投标报价没有大于最高投标限价，纸质版、电子版上传都一致	
9	预算书	预算书符合招标文件"预算书"范围、数量，符合清单/编制要求	
10	资质文件检查	顺序及完整性检查，检查文件有无复印不清或歪斜的问题，检查证明材料是否齐全	
11	营业执照资质证书	有合格的营业执照，且经营范围与投标项目一致，注册资金符合法律法规和招标文件要求	
12	总天数	总天数响应、权利、义务响应符合招标文件要求	

续表

项目名称:			
序号	检查内容	检查方法	确认
13	投标有效期	投标有效期符合招标文件要求	
14	偏差表	没有招标方不能接受的偏差内容	
15	项目执行资格	满足法律法规及招标文件要求的劳动实践指导教师教学资格	
16	项目业绩	满足招标文件要求	
17	行程（时间节点）	满足招标文件规定	
18	教学质量	符合招标文件和合同的规定	
19	执行标准和要求	符合招标文件"执行标准和要求"规定	
20	其他否决投标条件	没有法律法规和招标文件规定的其他否决其投标资格	
二、分项检查			
1	开标文件	按照投标函要求逐页检查是否响应、漏页	
		投标函中投标金额大小写是否书写正确	
		单价与总价金额是否正确	
2	投标保证金	投标保证金是否符合要求	
3	商务部分	商务部分格式是否符合要求，逐页检查是否响应、漏页	
		商务标书完整性检查	
		商务标书资质证书是否在有效期内，资质证书等是否过期	
		检查投标人员信息、证件一致与否；其他	

续表

项目名称：			
序号	检查内容	检查方法	确认
4	技术部分	按照项目要求格式检查是否符合要求，检查主页是否响应、漏页	
		执行偏离表是否逐条应答	
		执行方案是否完整	
		投标涉及项目资料是否完整	
		教学过程/事后评价方案	
		安全保障体系和措施	
		行程安排进度表	
		总执行人情况	
		教学负责人情况	
		其他服务条款	
5	电子U盘或光盘	按照招标文件要求检查所需导入文件，选三台电脑检验是否正常读取	
		光盘正面填写信息是否正确	
三、投标文件封装和签字、盖章			
1	法定代表人签字或授权代表签字盖章	检查每页有无签字和盖章、签字是否正确、签字是否和授权委托人相符	
2	封装方式和密封纸张检查	检查封装方式、封装纸张是否符合招标文件要求	
3	封装包检查	是否按照要求分装（正副本是否分开）	
		封装包总共多少包	

续表

项目名称：			
序号	检查内容	检查方法	确认
4	投标文件份数	根据招标文件要求，检查投标文件是否写上正本和副本、标书要求是几正几副（电子版多少份）	
5	项目编号与名称	投标文件整篇项目编号与名称是否正确	
6	人员名称	授权委托人、投标人名称是否正确	
7	密封袋封面	是否按照内封、外封要求填写信息	
8	签字、盖章检查	检查投标文件内需签字、盖章处是否签字、盖章	
9	密封袋（暗本）特殊要求检查	检查招标文件对暗包的特殊要求	
四、文件签署			
1	文件签署	投标函未加盖公章或无法定代表人（或委托代理人）签字的	
		其他投标文件未加盖公章或无法定代表人（或委托代理人）签字的	
		如由委托代理人签字的，未附法定代表人授权委托书的	
		法定代表人授权委托书未加盖单位公章和法定代表人签字的	
		投标文件使用投标专用章替代单位公章，缺少投标专用章具备同等效力证明文件的	
		投标文件未按规定的格式填写，内容不全或字迹模糊、无法辨认的	
		是否加盖骑缝章，骑缝章是否覆盖每页	
2	密封袋封面	是否按照内封、外封要求填写信息	

续表

项目名称:			
序号	检查内容	检查方法	确认
3	签字、盖章检查	检查投标文件内需签字、盖章处是否签字、盖章	
五、开标现场需要准备文件			
1	委托人身份证原件	是否携带	
2	授权委托书	是否携带	
3	投标文件递交登记表	是否携带	
4	投标保证金递交函原件	是否携带	
5	无行贿犯罪记录告知函	是否携带	
6	基本户开户许可复印件	是否携带	
7	开标时间地址	是否通知	

标书检查结果
A. 可以送出　　　　确认人签字：
B. 重新修改　　　　确认人签字：　　　　修改原因：

（本表格由西安新未来劳动教育实践基地张会臣提供）

八、了解评委，尊敬评委

（1）标评委一般为5人，招标方1人，第三方聘请专家4人。专家一般不同投标人见面，评议过程都是秘密进行。专家评议很重要，招标方1人也可能决定投标方命运，一个专家也能否决你。

（2）想方设法让标评委了解你的单位、你的课程、你的服务，全力争取评委支持。

（3）做好各项书面承诺书，这能给予投标人和评委最大的放心，也显示自己的担当和做好自己的良好态度。

九、注重细节，克敌制胜

（1）严格遵守时间，不能因迟到、晚交标书而影响投标，不要有明显的违规。迟到是否决你的最好借口，保证你哑口无言。最后交投标书，往往能够后发制人，且杜绝泄密的可能。

（2）财务审计报告、缴税证明、社会保障资金证明都要提前准备。备好足额押金，以防措手不及，这是招投标突发事件应急预案，专门应对违规招投标。

（3）消除不良记录，去银行、法院、税务查看诚信档案。即便招标书没提到这一点，投标人也要做到有备无患，谨防对手背后弹劾、举报你。

十、现场模拟，讲标练习

（1）平常多锻炼，模拟开标现场，模拟练习讲标。

（2）开标时要穿正装，不要浓妆艳抹，要化淡妆。注重服饰、礼仪，给人以干练、踏实、稳重、放心的感觉。

（3）开标时调整好情绪，充满必胜的信心，做好精彩的讲标。

（4）注意讲标时间，按要求把握讲标时间，不可拖堂超时。

（5）对评分关键点、投标项目的优势特色和典型案例进行重点讲述。

（6）运用数字化技术做好PPT，现场使用PPT，展示综合实力。

（7）积极应对评标专家现场的提问，注意文明礼貌。

劳动教育招标现场专家常提问的问题

1. 你们的项目有什么优势？
2. 你们基地有什么成功案例？
3. 你们基地实力怎么样？
4. 你们基地的师资来源和构成是什么样的？

5. 你们的价格是不是太贵了?

6. 其他投标单位都降了价,你降多少?

7. 你们的劳动安全应急预案是什么?

8. 在劳动过程中学生受伤了怎么办?

9. 你们赠送其他什么服务吗?

10. 你们的事后服务是怎么样的?

任务回顾

通过本任务的学习,你掌握了哪些中标的技巧?请用自己的语言表述出来。

项目实训

写一写自己参加投标的经历,或者参加投标的做法。

项目四
开发劳动教育项目

▎项目导读▕

　　劳动教育项目是落实劳动教育实践基地课程及其教育价值，体现课程实践性特征，推动学生"在做中学""在学中做"的重要实施载体，也是实现劳动教育教学目标的重要手段。本项目是本教材的重点项目，主要包括：撰写劳动任务清单、开发劳动课程体系、设计主题课程方案、编写专题课程方案等内容。

红石劳动教育实践基地学生体验木耳采摘　　供图：由杰

学习目标

了解劳动教育实践基地项目开发内容，包括撰写劳动任务清单、开发劳动课程体系、设计主题课程方案、编写专题课程方案等。熟悉劳动任务清单、劳动课程体系、主题课程方案、专题课程方案的相关内容与要素。掌握撰写劳动任务清单、开发劳动课程体系、设计主题课程方案、编写专题课程方案的方法与步骤。结合劳动教育实践基地实际情况与自身特色，开发出既受学生欢迎，又能全面提升学生核心素养的劳动教育项目。

思维导图

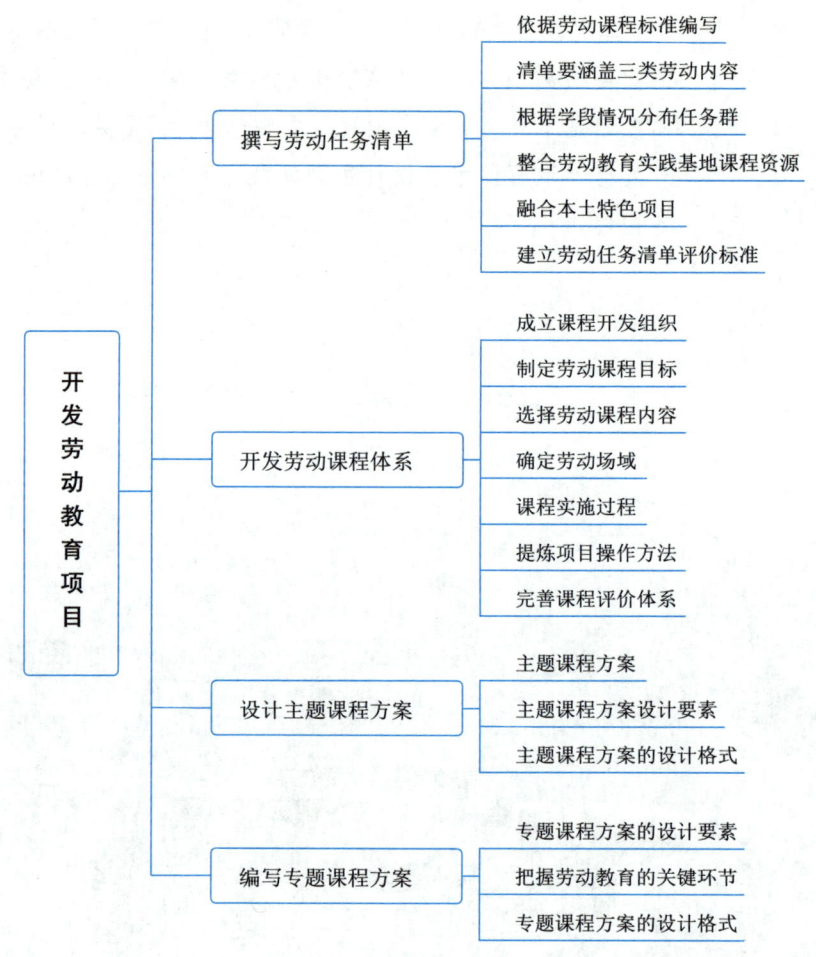

任务一　撰写劳动任务清单

任务导入

2022年3月25日，教育部发布关于印发义务教育课程方案和课程标准（2022年版）的通知，颁布《义务教育劳动课程标准（2022年版）》，其中列举了七年级学生劳动任务清单供各校参考，详细内容如下表所示。

七年级学生劳动任务清单

劳动内容	任务群	七年级上学期	七年级下学期
日常生活劳动	整理与收纳	教室图书角的整理与美化	学校走廊的整理与装饰
	烹饪与营养	蔬菜的营养搭配与烹饪	面食的制作与营养配餐
生产劳动	农业生产劳动	无土栽培芽苗菜	巧做豆制品
	传统工艺制作	布艺环保袋的设计与制作	制作陶制实用器皿
	工业生产劳动	多功能木制笔筒的设计与制作	
	新技术体验与应用		三维打印制作家用小台灯
服务性劳动	现代服务业劳动	学校食堂餐饮服务	社区网络安全风险防控服务
	公益劳动与志愿服务	社区疫情防控宣讲志愿者	流浪动物救助

来源：《义务教育劳动课程标准（2022年版）》

请思考：

（1）什么是劳动任务清单？

（2）我们怎样撰写劳动任务清单？

任务实施

劳动任务清单是指学校、劳动教育实践基地或家庭等在一定时段内详细登记、安排学生参与劳动实践项目、完成劳动任务的单子,类似于学校的学期教学计划、单元教学计划。其主要内容包括学段年级、学期、劳动内容类别、具体项目内容,以及具体内容所属任务群等方面。详细的劳动任务清单还要明确学期、学年、学段的劳动教育评价标准,清晰地呈现出学生在某个阶段参与的劳动任务、参加次数、劳动时长等内容。

劳动教育实践基地撰写劳动任务清单的要求和方法包括以下方面。

一、依据劳动课程标准编写

劳动教育实践基地编写劳动任务清单要依据《大中小学劳动教育指导纲要（试行）》和《义务教育劳动课程标准（2022年版）》,在对劳动教育实践基地教学实际进行基本的考量后,为学生在基地参与劳动设定"底线要求"和"方向导引"。

二、清单要涵盖三类劳动内容

视频：唐文慧谈撰写劳动任务清单的要求和方法

劳动任务清单的内容应包括日常生活劳动、生产劳动、服务性劳动三类劳动内容,合理安排激发学生学习兴趣、提升劳动素养的劳动项目。日常生活劳动立足学生个人生活事务处理,涉及衣、食、住、行、用等方面,注重培养学生的生活能力和良好的卫生习惯,树立自理、自立、自强意识。生产劳动让学生在工农业生产过程中直接经历物质财富的创造过程,体验从简单劳动向复杂劳动、创造性劳动的发展过程,淬炼生产劳动技能,体会物质产品的来之不易。服务性劳动让学生利用知识、技能等为他人和社会提供服务,在现代服务业劳动、公益劳动与志愿服务中认识社会,树立服务意识,强化社会责任感。

三、根据学段情况分布任务群

根据《义务教育劳动课程标准（2022年版）》要求,劳动任务清单内容共设置十个任务群，每个任务群由若干项目组成（见图4-1）。其中，日常生活劳动包括清洁与卫生、整理与收纳、烹饪与营养、家用器具使用与维护四个任务群，生产劳动包括农业生产劳动、传统工艺制作、工业生产劳动、新技术体验与应用四个任务群，服务性劳动包括现代服务业劳动、公益劳动与志愿服务两个任务群。1~2年级侧重在日常生活劳动、生产劳动内容中选择，对服务性劳动不作要求。3~4年级及以上各学段应涵盖三类劳动内容。7~9年级结合相关任务群开展生涯规划教育。

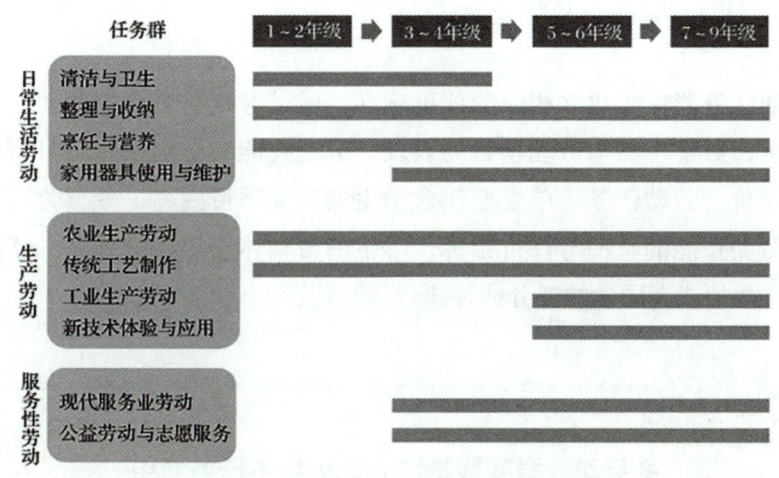

图4-1 劳动课程内容结构示意图

来源：《义务教育劳动课程标准（2022年版）》

四、整合劳动教育实践基地课程资源

劳动教育实践基地环境和资源是劳动任务清单设计与实施的客观依据。基地在进行劳动项目设计时，要认真分析学生的情况，对各种项目资源进行仔细挖掘、分析和评估。由于每个劳动教育实践基地环境条件不同，在劳动任务的选择上可以从基地实际情况出发，对各学段应该掌握的日常生活劳动、生产劳动、服务性劳动做出合理选择，研发出"基础任务＋特色项目"的劳动任务清单，允许基地对劳动项目进行自主规划、适时调整，以适应不同区域、不同学生的差异。

五、融合本土特色项目

劳动教育实践基地在研发劳动任务清单时，可以适当考虑安排本土特色劳动项目，如非遗技艺、民间传统工艺、本土美食烹饪。这些内容丰富的劳动任务项目，可以激发学生参与劳动实践的热情和兴趣，达到事半功倍的效果。

六、建立劳动任务清单评价标准

劳动任务清单需建立相应的评价标准，通过考查学生在各劳动项目中的完成情况，对学生参与劳动项目的表现、劳动技能的掌握、劳动习惯的养成等进行评价。劳动任务清单主要包含学生的劳动项目内容、参与劳动项目的频率与劳动技能的掌握等评价指标，学生的劳动体会等评价要素，还可以包含家长、教师或者同学的评分或评语。

拓展阅读

某劳动教育实践基地五年级学生任务清单

	任务群	劳动项目	评价方式
日常生活劳动	清洁与卫生	换灯泡 清洁油烟机	自评 ★★★★☆ 互评 ★★★☆☆ 师评 ★★★★☆
	烹饪与营养	炒土豆丝 制作过桥米线	
	整理与收纳	整理衣服 换洗床单被套	
生产劳动	农业生产劳动	菊花扦插 基地花圃修剪	自评 ★★★★☆ 互评 ★★★☆☆ 师评 ★★★☆☆
	工业生产劳动	孔明锁 木制七巧板	
	传统工艺制作	制作皮影 编制中国结	

续表

任务群	劳动项目	评价方式
服务性劳动	现代服务业劳动	到基地食堂体验服务员工作 设计农产品营销方案	自评 ★★★☆☆ 互评 ★★★★☆ 师评 ★★★★☆
	公益劳动与志愿服务	基地志愿讲解员 街道清洁卫生管理	
备注	评价星星数量说明：五星优秀，四星良好，三星合格，两星及以下不合格		

任务回顾

（1）劳动任务清单应包括哪些劳动内容？

（2）为什么在编写劳动任务清单的同时要建立清单评价标准？

任务二　开发劳动课程体系

任务导入

2022年7月25日，陕西省临渭区教育局官网公布了渭南基地劳动课程体系，如下图所示。

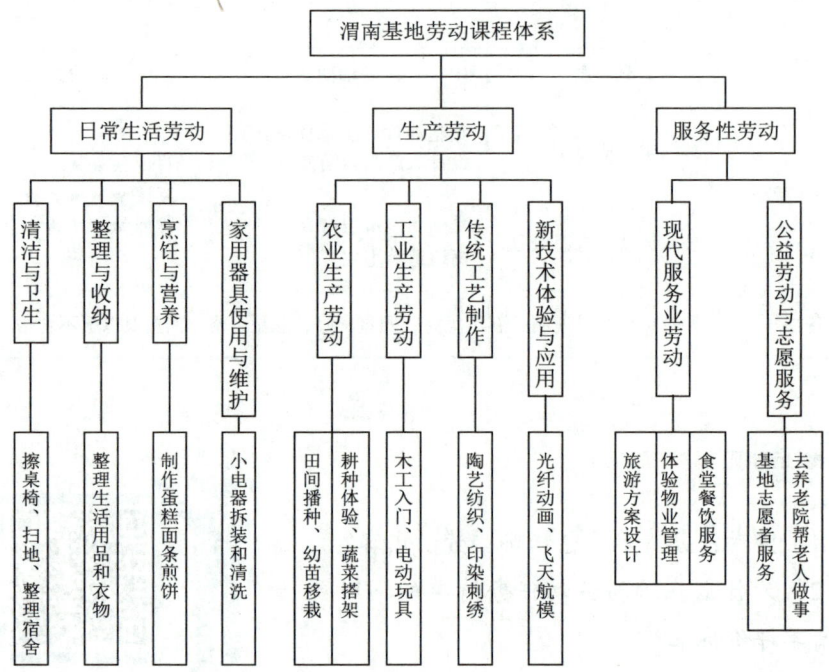

请思考：

劳动教育实践基地如何开发劳动课程体系？如何编写课程体系方案？

任务实施

劳动教育实践基地开发劳动课程体系要从以下七个方面着手。

一、成立课程开发组织

（一）成立组织

劳动教育实践基地开发课程体系首先要成立课程开发组织，确定课程参与成员，明确任务分工。

（二）解读内容

课程开发组织成立以后，要及时组织成员学习义务教育劳动课程标准，解读课程标准精神，并对基地课程的开发进行需求评估。解读劳动课程标准是课程开发的前提。如果对国家劳动课程标准理解不到位甚至有误，那么课程开发就会偏离总体方向。

解读内容至少包括：劳动课程的性质、理念、目标、内容、素养要求等。诊断课程开发的需求也是一项非常基础的工作，应从以下几个方面对劳动课程开发的需求进行调研：学生对劳动教育实践基地课程的需求和希望；家长对基地劳动课程开发寄予的期望；社会和学校对课程开发提出的要求。要通过认真细致的访谈、问卷调查搜集相关资料，全面把握劳动课程开发的需求。

二、制定劳动课程目标

（1）劳动教育实践基地的课程目标既要包括基地课程的总体目标，也要包括各学段的具体目标，或者是具体的劳动项目目标。

（2）在明确基地劳动课程总体目标、学段目标及项目目标关系的基础上，结合项目对应的具体任务群的课程内容要求，制定具体项目目标。

（3）在具体目标的设计上，要注意根据学生年龄差异体现循序渐进的特点，以及根据内容领域的差异体现针对性和适用性。项目目标的制定要精确、具体、可操作，注重劳动观念、劳动能力、劳动习惯和品质、劳动精神四个维度的有机融合。

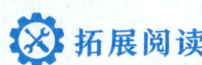
拓展阅读

某劳动教育实践基地课程总目标

目标1	树立劳动价值观（人生价值、社会价值、劳动创造美好生活） 端正劳动态度（形成热爱劳动、尊重劳动的思想态度）

续表

目标2	掌握劳动技能（了解劳动知识、掌握基础的劳动技能） 明确劳动责任（认识自我劳动能力、体悟责任担当）
目标3	养成良好的劳动习惯（自觉劳动、自立生活、团队协作） 塑造基本的劳动品质（诚实守信、吃苦耐劳、勤俭节约）
目标4	培养积极的劳动精神（劳模精神、工匠精神、创新精神）

某劳动教育实践基地玉米种植项目劳动素养目标

教学阶段	教学过程	劳动素养目标	素养层面
一、激趣导入	观看玉米大丰收现场视频，利用真实的劳动场面创设情景，激发学习兴趣	认识到劳动对国家富强、人类发展、社会进步的意义，理解劳动者的光荣和伟大	劳动观念
	了解我国玉米产量和种植基本情况	树立"一分耕耘，一分收获"的观念，懂得珍惜劳动成果	劳动观念
二、引出问题	提出如何种植玉米的问题，引导学生自主进行思考	养成独立思考问题的习惯	劳动观念
	学生通过查阅书籍、网上搜索、走访调查等方式进行问题研究	树立劳动创造财富的观念，锻炼综合解决问题的能力	劳动观念 劳动能力
三、设计方案	讨论如何在劳动教育实践基地种植玉米	形成团队协作的劳动意识	劳动观念
	学生设计玉米种植的实施方案	创造性思维优化设计方案	劳动能力
	准备劳动工具、选种	根据前期调查掌握的生产知识，选择合适的工具、品种	劳动能力

续表

教学阶段	教学过程	劳动素养目标	素养层面
四、项目实施	劳动教育实践基地实施项目，老师讲解示范，学生体验开垦、挖坑、播种、浇水全过程	选择正确的劳动工具进行劳动，培养分工合作和不怕困难的劳动品质	劳动能力 劳动品质
	定期对玉米生长情况进行观察，做好劳动记录	养成坚持不懈、持之以恒的劳动习惯，形成认真负责、吃苦耐劳的品质	劳动习惯和品质
	针对虫害问题，小组讨论探究，寻找解决问题的途径，采取相应措施	培养善于观察、敢于质疑、追根究底，运用劳动知识和技能解决问题的能力	劳动能力
	玉米丰收成果展，制作玉米粥、玉米饼等美食	培养"劳动创造美好生活"价值观，体悟劳动最光荣	劳动能力 劳动精神
	教师指导学生操作与实践，注重过程性评价	形成尊重劳动、尊重普通劳动者的观念	劳动观念
五、反思交流	针对项目学习进行自我评价、小组互评、教师评价	树立劳动最光荣、劳动最崇高、劳动最伟大、劳动最美丽的理念	劳动观念
	邀请"劳动模范"进校园，对学生进行榜样激励	感知爱岗敬业、艰苦奋斗、甘于奉献的劳模精神	劳动精神
	应用劳动知识和技能在校外进行农作物种植	发挥创新意识，发扬积极探索、追求创新的精神	劳动能力 劳动精神

三、选择劳动课程内容

（1）课程内容是劳动课程体系开发的重点，课程内容的选择首先应关注学生的兴趣和需求，充分考虑基地的实际环境与资源特点。

（2）在课程内容的组织和安排上，要把握不同学段劳动素养培养要求，围绕体现日常生活劳动、生产劳动、服务性劳动的十个任务群，合理选择和确定项目内容。

拓展阅读

嘉颐·俊英成长劳动教育示范基地课程结构如下图所示。

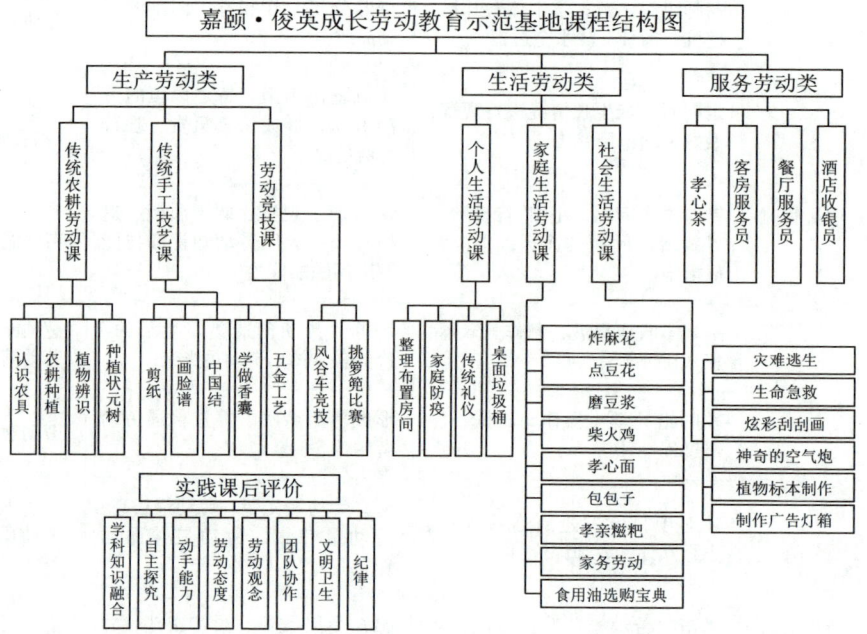

来源：沙坪坝区新时代文明实践中心云平台沙磁教育，2022年6月16日

（3）选择的课程内容应遵循"整体规划、纵向推进、因地制宜、各有侧重"的原则，从单一到综合，从简单到复杂，体现不同学段的纵向衔接与递进关系。

拓展阅读

"启明星"劳动教育实践基地之日常生活劳动课程内容,如下表所示。

"启明星"劳动教育实践基地之日常生活劳动课程内容一览表

年级	会清洁	会整理	会下厨	会洗涤	会采买
一年级	擦桌椅、刷牙洗手	整理书包书桌	烧开水、泡茶	洗手帕、洗红领巾	采购文具、存零钱
二年级	系鞋带、剪指甲	叠衣服、整理床铺	煮鸡蛋、蒸米饭	洗袜子、洗书包	选择购买书籍
三年级	拖地、洗碗筷	叠被子、整理书柜	煮面条、蒸饺子	洗小衣裤、晾晒衣服	到超市挑选蔬菜
四年级	打扫房间、钉纽扣	整理衣柜、鞋柜	包饺子、做包子、煮粥	洗拖把、洗桌布	挑选水果、大米、肉蛋
五年级	缝衣服、清洗餐具	整理宿舍、物品收纳	烘焙蛋糕、煲汤	手洗衬衫、手洗毛衣	购买鲜花、采买蔬菜
六年级	套枕头、被套,铺床单	整理厨房、美化教室	做糖醋排骨等拿手菜	洗床单、被套并晾晒	网上购买生活用品

四、确定劳动场域

劳动场域是劳动项目实施的基础条件。在实际操作过程中要根据不同的项目科学、合理地确定劳动场域,包括劳动场所、工具设备、材料及劳动文化氛围等。

(1)劳动场所是指工厂、农场、专用教室等适合不同劳动项目的场所。

(2)工具设备主要指完成项目必需的劳动工具与设备。

(3)材料是项目操作过程中需要使用的消耗性物品及安全防护用品等。

(4)劳动文化氛围主要指劳动场域中与相应项目相关的文化元素,包括张贴的标语牌、模范人物挂图、操作规程图、劳动任务统计表等。

五、课程实施过程

劳动项目实施过程可分为明确任务、劳动准备、制订计划、组织实施、交流评价五个环节。

（1）明确任务环节是指在教师指导下，学生全面了解劳动任务的目的、要求、成果形式、评价标准等，学会对项目进行任务分解。

（2）劳动准备环节要让学生了解和熟悉劳动工具与材料、劳动场所及劳动过程所需的基本知识与技能等。

（3）制订计划环节要引导学生在统筹各种资源的前提下，确定劳动的程序和步骤，形成合理的劳动计划。

图4-2　山东省农业科学院试验示范基地大学生聆听专家讲解　供图：刘东波

（4）组织实施环节要让学生按照制订的劳动计划，有步骤地开展劳动活动，经历完整的劳动过程。

（5）交流评价环节包括学生对自己的劳动成果进行自我评价、同学间交流展示、师生共同讨论等，要让学生在学会劳动的同时，体会劳动成果来之不易，懂得珍惜自己和他人的劳动成果。

六、提炼项目操作方法

项目操作方法是学生完成劳动任务、形成劳动感悟的重要基础和前提。在设计项目时，教师要对项目操作的主要方法加以提炼。例如，饮食制作中的煎、蒸、炖等烹饪技法，木工工艺作品设计与制作中的锯、刨、凿等加工方法，刚连接、铰连接等连接方法。这些方法需要学生通过模仿、巩固等过程才能够真正掌握。

在这个环节指导教师要充分考虑学生实践时可能遇到的困难、陷入的误区及存在的安全隐患，做出示范和指导，提出解决问题的策略，确保劳动项目的顺利实施和劳动课程目标的实现。

 拓展阅读

中国菜常用烹饪方法

1. 炒	最常见的烹饪方法，旺火热油，快速翻动锅中原料加热成熟，时间短速度快	
2. 烩	将多种食材加工成丝、片、条、丁后，先经过加热烫熟，再用葱姜炝锅，回锅一起混炒或者混烧，烩烧时一般会用汤汁勾芡	
3. 煮	将食物及其他原料一起放在多量的汤汁或清水中，先用武火煮沸，再用文火煮熟	
4. 炖	锅内放入水或高汤，加入葱姜大料等调料，放入主料，先大火烧开，再小火慢炖	
5. 焖	将加工处理后的烹饪原料放入锅中，加适量的汤水和调味品，盖紧锅盖烧开后，用文火进行较长时间的加热至原料酥软入味	
6. 熏	将加工后的烹饪原料，用香料产生的烟将其熏熟	
7. 煎	炒锅热了后，用油均匀地涮一下锅底，再把食材放入锅中，直到煎至成熟	
8. 炸	将大量的油大火烧滚，将食材放入滚油中，使食物在短时间内成熟，呈金黄色	
9. 烤	将加工好的原料置于烤具内，用明火、暗火等产生的热辐射加热至成熟	
10. 蒸	将调味后的烹饪原料放在器皿中，再置入蒸笼，利用蒸汽使原料成熟	

七、完善课程评价体系

评价是劳动课程体系建设的一部分,在评价设计上,应坚持发展性评价的理念,采用多主体、多元评价方式,将过程性评价与结果性评价结合起来。

此外,劳动教育实践基地还应建立自我监控和评估机制,随时对劳动课程实施的状况进行监控和检查,及时发现问题、解决问题,评价结果是进一步反省、改进课程体系的依据,以确保实现劳动课程的育人价值。

(一)劳动课程评价的基本原则

1. 导向性原则

课程评价以核心素养为导向,关注核心素养四个方面的发展状况,以及在学生劳动过程中的体现。

2. 发展性原则

发挥评价的反馈改进功能,通过评价促进评价对象的发展,促进学生认真参与劳动学习与实践,改进教师教学安排。

3. 系统性原则

应整体、系统地进行评价,评价应贯穿学习始终。注重过程性评价与结果性评价相结合,兼顾平时表现评价和阶段综合评价。

(二)劳动课程评价的主要内容

评价内容要紧扣课程内容要求和劳动素养要求,客观准确地反映学生在真实情境下劳动素养的表现水平。评价内容主要包括以下几个方面。

(1)劳动观念:重点关注学生对劳动价值、劳动过程、劳动成果等方面的认知和态度。

(2)劳动能力:重点关注学生完成劳动任务所需的筹划与设计能力、操作能力、问题解决能力及合作能力。

(3)劳动习惯和品质:重点关注学生劳动行为的稳定性和一贯性。

(4)劳动精神:重点关注学生在劳动实践中表现出来的勤俭节约、精益求精、不畏艰辛、开拓创新等精神状态。

项目四 开发劳动教育项目

不同类型的劳动内容,评价的侧重点有所不同:日常生活劳动侧重于卫生习惯、生活能力和自理、自立、自强意识等的评价;生产劳动侧重于工具使用和技能掌握,劳动价值观、劳动质量意识,以及劳动精神等的评价;服务性劳动侧重于服务意识、社会责任感等的评价。评价内容不仅包括课程目标的达成度,还有对学生学习潜能和表现的评价,对课程设计与实施的过程的评价。

(三)劳动课程评价的方法

评价方法的选择与使用要有利于学习诊断和促进发展。劳动课程的评价可以采用劳动任务单、劳动清单、劳动档案袋等工具。

(1)利用劳动任务单记录某项劳动任务的方案设计、劳动过程、劳动成果、劳动体会等情况。劳动任务单可作为评价学生劳动学习与实践效果、劳动目标达成情况的依据。劳动任务单(示例)如表 4-1 所示。

表 4-1 劳动任务单(示例)

劳动任务名称	
要解决的问题	
所需材料、工具与设备	
方法与步骤	
团队成员	
完成时间	
劳动计划或设计方案	
劳动过程记录	
劳动成果	
劳动体会	

拓展阅读

制作中秋灯笼劳动任务单

劳动任务	制作中秋灯笼
劳动教育实践基地	美之然劳动教育实践基地工艺坊
年级班级	四年级 8 班
团队成员	罗子豪 李文静 张成栋 于冬
解决问题	学习制作手工中秋灯笼，感受传统工艺的乐趣与魅力
工具材料	木筷、装饰纸、胶水、绳子、流苏、彩色笔
完成时间	120 分钟
方法步骤	1. 用木筷搭建灯笼的长方形框架； 2. 用绳子把长方形框架捆扎实； 3. 在装饰纸上画中秋元素的图案； 4. 把装饰纸贴在灯笼的四个面上； 5. 用绳子把流苏系在灯笼下方； 6. 灯笼上面用绳子连接提手
劳动方案设计	1. 了解手工灯笼的制作方法； 2. 初步设计灯笼图案； 3. 小组成员分工； 4. 用材料开始制作灯笼； 5. 与小组成员交流经验； 6. 对各组制作的灯笼进行评价
劳动过程记录	1. 观看视频，了解制作手工灯笼的方法和注意事项； 2. 设计灯笼上的图案和文字； 3. 用木筷搭建灯笼的长方形框架，用绳子捆扎实； 4. 把装饰纸贴在灯笼的四个面上； 5. 用绳子把流苏系在灯笼下方，上面连接提手； 6. 观察其他小组作品，分享交流； 7. 劳动成果展示，进行评价
劳动成果	

续表

劳动体会	在用木筷搭建灯笼框架的时候，我们一开始使用胶水，发现胶水粘不牢固，经过交流讨论，大家决定用绳子捆绑的方法来解决这个问题，最后在灯笼的四个面贴上我们亲手绘制的装饰纸。通过团结协作，我们共同完成了中秋灯笼的制作，不仅体验了传统工艺的魅力，而且培养了持之以恒、专心致志的品质，增加了对劳动的热爱之情

（2）利用劳动清单记录劳动项目参与、劳动技能掌握、劳动习惯养成等情况。劳动清单还可以包含学生的劳动体会以及家长、同学、老师写的评语。家庭劳动清单（以 3 年级为例）如表 4-2 所示。

表 4-2　家庭劳动清单（以 3 年级为例）

项目内容	评价指标			
	劳动参与		劳动技能	
	偶尔参与	经常参与	基本掌握	熟练掌握
整理学习用品				
打扫房间				
清洗个人衣物				
制作简单食品				
使用家用电器				
参与绿植养护				
其他				
劳动体会				
家长整体评价				

（3）利用劳动档案袋有目的地收集学生一段时间内劳动学习与实践情况的材料，了解学生在该段时间内做出的努力、取得的进步和成就。劳动档案袋主要收集劳动实践活动的过程性记录，可包括以下内容：劳动方案、劳动过程的照片和视频、劳动成果、劳动日志、自我反思、他人评价等。有条件的学校或地区可建立相应的数字化平台，进行劳动课程的过程性和结果性评价。

（4）针对具体的劳动学习与实践的目标和内容，可采取相应的方法进行评价。例如：日常生活劳动可以劳动清单为主要依据，家校合作共同评价；

生产劳动可以劳动任务单为主要依据,结合劳动任务的完成过程和劳动成果情况进行综合评价;服务性劳动可以劳动档案袋为主要依据,结合服务对象的评语和多方面的材料进行综合评价。

(5)针对不同学段,可灵活使用多种方法进行评价。例如:1~2年级应鼓励学生使用劳动绘本、劳动日志、星级自评、贴小红花等方式体现劳动过程和劳动感受;3~6年级可以采取劳动叙事、劳动作品展示等方式记录劳动过程;7~9年级可以采用劳动测试、评语评价、展示评价和劳动档案袋等方式进行。

任务回顾

(1)劳动课程实施过程分为哪几个环节?
(2)不同类型的劳动内容,评价的侧重点有何不同?

任务三　设计主题课程方案

任务导入

劳动教育实践基地主题课程方案——广西非遗传统技艺劳动课程

课程名称	广西非遗传统技艺劳动课程		设计人	唐文慧	
年级	七年级	学生人数	50人	劳动地点	锦绣壮乡劳动教育实践基地
课程负责人	李晓燕	指导老师	王艺	总课时	12节
课程总目标	掌握广西民族非遗传统技艺,传承民族非遗文化,提升学生的劳动核心素养				
天数	节次		课程内容		项目专家
第一天	1~2		壮族织锦技艺		广西壮族自治区级壮族织锦传承人
	3~4		桂林米粉制作技艺		桂林市级米粉制作非遗传承人
	5~6		钦州坭兴陶烧制技艺		钦州市级坭兴陶烧制非遗传承人

续表

第二天	1~2	侗族木构建筑营造技艺	三江侗族自治县木构建筑传承人
	3~4	六堡茶制作技艺	苍梧县级六堡茶制作非遗传承人
	5~6	柳州螺蛳粉制作技艺	柳州市级螺蛳粉制作非遗传承人
教学链接	现行课程教材中与广西非遗技艺相关的知识及视频链接		
师资配置	课程负责人1名、指导教师1名、各项目非遗传承人若干		
安全管理	劳动教育实践基地课程安全管理工作方案、劳动教育实践基地应急预案		
教学评价	对劳动教育实践基地专题课程的实施、学生劳动实践的开展进行评价		
教学反思	本次广西非遗技艺主题课程涵盖了织锦、饮食、木构建筑、陶器烧制等六项广西非遗传统技艺，项目丰富，各具特色，学生们在劳动实践中体会到中华民族博大精深的非遗文化和传统技艺的魅力，这极大地激发了他们对劳动实践的兴趣，两天的专题课程学习有助于他们树立正确的劳动观念，培养劳动品质和劳动精神		

请思考：

（1）劳动课程主题课程方案的设计要素有哪些？

（2）非遗技艺主题课程的学习提升了学生哪些核心素养？

任务实施

劳动教育课程方案（简称为"课程方案"）是指导教师开展劳动教育课程活动的教学计划，是根据新时代劳动教育目标制定的劳动教育教学工作的指导文件。它决定着教学内容总的方向和总的结构，并对劳动教育活动做出全面安排。劳动教育课程方案包括主题课程方案和专题课程方案。主题课程方案由众多专题课程方案构成，专题课程的内容是主题课程内容的基础。例如"我是小渔民"这一主题课程方案，又包括探究渔船、体验渔民捕鱼、赶海捡贝壳、木船模型制作、织网撒网等专题课程方案，这些专题内容共同构成"我是小渔民"主题课程。

编制课程方案时要完成以下四个任务：确定课程所要实现的劳动目的与任务；按照时间顺序安排课程的进程，编写出包括课时数、地点、内容、方式和方法的主题课程方案；编写出详细的主题课程方案和专题课程方案；提出针对劳动课程如何改进教学、提高劳动教育教学质量的设想与举措等。

一、主题课程方案

劳动教育主题课程方案是教师根据劳动教育活动所用的劳动教育资源单位教材及学校教科书和学校教学总要求，结合劳动教育学生具体情况，按照劳动教育目标编制的某个特定主题的整体劳动教育进度计划。例如，"卫生大扫除劳动教育主题活动""我是勤劳的小农人主题课程""劳动实践基地主题活动三日行程单"等，类似于大中小学常规的"学期教学进度计划"以及"课题（单元）计划"。简言之，劳动教育主题课程方案是对某次劳动教育教学的总体规划与准备，是劳动教育活动的前提和依据。

二、主题课程方案设计要素

主题课程方案的设计要素主要包括：课题名称、学校、班级、设计人、教学课时、教学目标、教学内容、教学重点、教学难点、劳动工具、教学方式、教学方法、教学过程、劳动地点、教学链接、项目负责人、师资配置、活动经费、安全管理等。以上要素在前后文中均有说明，故此处只阐述以下几个方面。

（一）劳动地点

在设计课程方案时，主题课程中涉及的劳动教育地点和劳动教育实践基地都要编写到方案里。

（二）教学链接

教学链接是指劳动教育教学内容和大中小学现行课程教材中相关联的知识链接，在劳动教育实践中俗称"教学链接"。

（三）项目负责人

负责劳动课程项目实施的专业人员。项目负责人要与其他老师团结协作，共同完成主题课程的实施。

（四）师资配置

师资包括参与劳动课程的学校带队老师、基地指导老师、安全员、服务人员、项目专家和其他工作人员。也可把医务人员、安保人员、家长志愿者列入其中，赋予他们相应岗位职责。

（五）活动经费

活动经费就是参与劳动课程所需的各种费用，包括住宿费、餐费、门票、交通费、授课费、服务费、保险费、服装费、工具材料费、教材费等。

（六）安全管理

劳动课程涉及安全管理制度和安全防控问题，具体包括：劳动教育安全管理工作方案，劳动教育应急预案操作制度，劳动教育产品安全评估制度，劳动教育安全教育培训制度，各项突发事件应急预案等。作为劳动教育指导教师要熟悉并掌握安全管理编写设计方法。

图 4-3　临朐县硕芮家庭农场园艺师梁宝民向学生传授樱桃种植知识　摄影：梁雨晴

三、主题课程方案的设计格式

主题课程方案包括条目式和表格式两种形式。

1. 条目式

劳动教育实践基地主题课程方案

［课程名称］　　　　　　　　　［学校班级］

［设计人］　　　　　　　　　　［设计时间］

［学校代表］　　　　　　　　　［带队老师］

［指导教师］　　　　　　　　　［项目专家］

［教学课时］　　　　　　　　　［学生人数］

［劳动地点］　　　　　　　　　［师资配置］

［项目负责人］　　　　　　　　［课程目标］

［教学内容］　　　　　　　　　［教学链接］

［教学方式］　　　　　　　　　［教学方法］

［教学流程］（包含：天数、节次、教学时间、教学方式、教学方法、项目专家、负责人等）

［安全管理］

［教学评价］

［教学反思］

［经费说明］

2. 表格式

劳动教育实践基地主题课程方案

课程名称				设计人	
班级		学生人数		劳动地点	
课程负责人		指导教师		总课时	
课程总目标					
天数	节次	课程内容		项目专家	
第一天	1~2				
	3~4				
	5~6				

续表

第二天	1~2		
	3~4		
	5~6		
教学链接			
师资配置			
安全管理			
教学评价			
教学反思			

任务回顾

（1）编制劳动教育课程方案时要完成哪些任务？

（2）劳动教育主题课程方案主要包含哪些要素？

任务四　编写专题课程方案

任务导入

基地老师说专题课程方案

基地指导老师张老师说：我们基地的陶器制作、剪纸技术、我是小厨师体验、荷花盆景制作、自行车维修技术等都是劳动教育专题课程。

王老师说：劳动教育专题课程类似于学校老师的课时教案。

请思考：

（1）你认为谁的观点正确？

（2）专题课程方案有哪些设计要素？

> **任务实施**

专题课程是指在实施劳动教育教学的过程中，为达到某一专门劳动教育教学目的或解决某一专门问题而针对学生开展的劳动教育课程。如木工制作、插花技术、小麦收割体验、电动车维修技术等专题课程。专题课程方案是对劳动教育专题课程目标、劳动内容、劳动方式的规划和设计，是劳动教育计划、劳动教育教材等诸多方面实施过程的总和，是对每一堂劳动教育课具体深入的教学准备，是对师生劳动教育课堂预期的教学活动的设计和描述。专题课程方案类似于中小学教师的课时计划，俗称"教案"。

一、专题课程方案的设计要素

劳动教育实践基地专题课程方案的要素包括：课题名称、学校班级、设计人、劳动地点、教学课时、教学目标、教学内容、教学重点、教学难点、劳动工具、教学链接、服务人员、师资配置、教学方式、教学方法、教学过程、教学反思等。

二、把握劳动教育的关键环节

按照时间进度的不同划分，劳动课程分为劳动前、劳动中、劳动后三个基本阶段，包括劳动前的准备、劳动中的上课、劳动后的服务。在上课过程中应注意把握劳动教育的五个关键环节。

（一）讲解说明

围绕劳动项目重点讲解，让学生懂得劳动的意义和价值。加强对劳动观念、劳动纪律、劳动法律法规的正面引导，加强劳动知识技能的讲解，掌握实践操作的基本原理、程序、规则，掌握正确使用工具的方法。讲解要与启发思考、示范、练习等结合起来。

（二）淬炼操作

围绕如何做的问题，注重示范与练习，让学生会劳动。强化规范意识，注重从最基本的程序学起，严守规则，避免主观、随意。强化质量意识，注重引导学生关注细节，每个步骤、环节都要精准到位。强化专注品质，注重引导学生对操作行为的评估与监控。

（三）项目实践

围绕劳动能力的培养，让学生完成真实任务、综合任务，经历完整劳动过程。注重劳动价值体认，强化规划设计意识，强调身体力行，锤炼意志，敢于在困难与挑战中完成行动任务。

（四）反思交流

围绕劳动价值意义的建构，引导学生总结、交流，促进学生形成反思交流习惯。组织学生交流、分享劳动的体验和收获，将反思、交流与改进结合起来，使学生在劳动中获得成长。

图 4-4 编制草鞋的"小红军" 摄影：廖延斌

（五）榜样激励

围绕劳动的精神追求，树立典型，激发劳动热情。注意树立多类型榜样，不仅有大国工匠、劳动模范，还要有学生身边劳动表现优异的普通劳动者和同学。指导学生从榜样的事迹中领悟高尚精神和优良品质。明确要求学生在劳动实践中努力向榜样看齐。

三、专题课程方案的设计格式

专题课程方案主要有条目式和表格式两种形式。

1. 条目式

劳动教育实践基地专题课程方案

［课题名称］　　　　　　　　　　［设计时间］

［设计人］　　　　　　　　　　　［指导教师］

［学校班级］　　　　　　　　　　［学校代表］

［带队老师］　　　　　　　　　　［服务人员］

［安全员］　　　　　　　　　　　［基地代表］

［教学课时］　　　　　　　　　　［劳动地点］

［教学目标］　　　　　　　　　　［基地背景］

［教学内容］　　　　　　　　　　［教学链接］

［教学重点］　　　　　　　　　　［教学难点］

［教学方式］　　　　　　　　　　［教学方法］

［劳动工具］

［教学过程］

第一步：劳动教育前

［课前准备，设置问题］

第二步：劳动教育中

［课堂导入，提出问题］

［开展新课，解决问题］

［教学评价，激励提升］

第三步：劳动教育后

［教学总结，反思问题］

2. 表格式

劳动教育实践基地专题课程方案

课程名称				设计人	
学校班级		学生人数		劳动地点	
项目专家		指导教师		授课时间	
教学目标	劳动观念				
	劳动能力				
	劳动习惯与品质				
	劳动精神				
教学链接					
教学内容					
教学重点					
教学难点					
教学方法					
劳动准备					
教学过程					
劳动前	课前准备，设置问题				
劳动中	课堂导入，提出问题				
	开展新课，解决问题				

续表

劳动中	教学评价，激励提升
劳动后	教学总结，反思问题

任务回顾

如何把握劳动教育的关键环节？

项目实训

（1）请结合单位实际，编写一个劳动教育主题课程方案。

（2）请结合单位实际，编写一个劳动教育专题课程方案。

项目五
强化劳动过程指导

▌ 项目导读 ▌

本项目是全书的重点项目,也是整个劳动教育过程中的关键环节,更是劳动实践指导教师最需要掌握的核心技能,在全书中占有重要地位。

本项目包括四个任务,即情境创设指导、准备阶段指导、实施阶段指导、反思阶段指导。这四个任务都是劳动过程中的关键步骤和环节。劳动教育质量的优劣、劳动育人目标是否达成,主要在劳动过程中体现出来,因此,劳动实践指导教师务必规范掌握实施流程,强化劳动过程指导。

龙岩市永定区坑头耕读劳动实践基地　　摄影:廖延斌

学习目标

熟悉劳动过程指导的四个方面；掌握情境创设指导的要求、准备阶段指导的要求、实施阶段指导的要求、反思阶段指导的要求。

思维导图

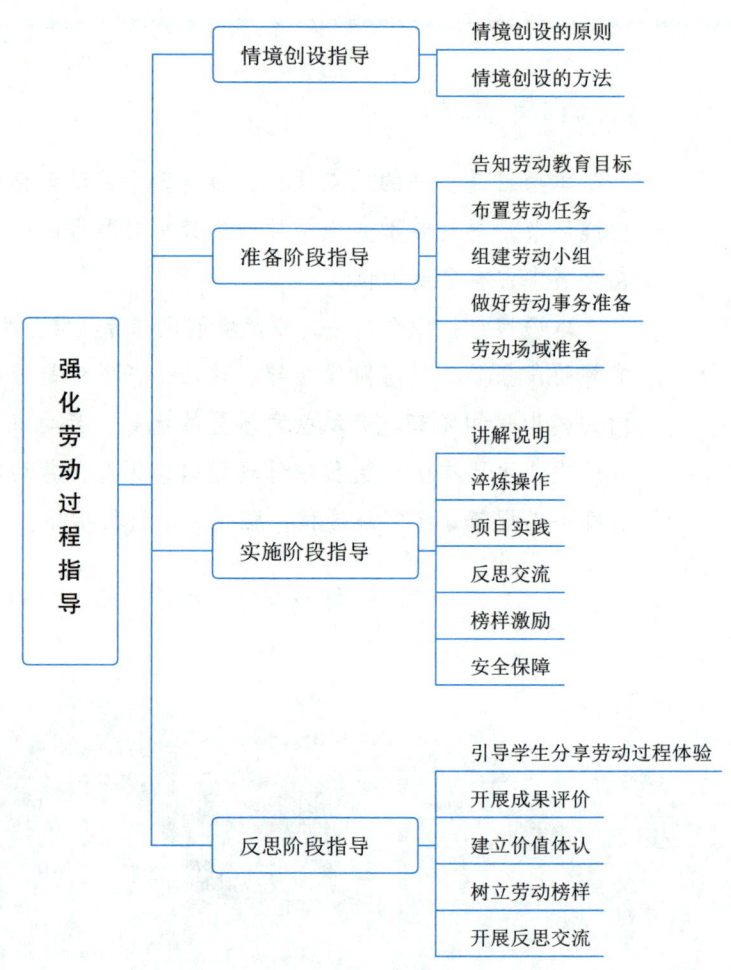

任务一　情境创设指导

> **任务导入**

情境创设案例（片段）——制作中秋月饼

劳动对象： 小学五年级学生

教学过程：

师：同学们好！今天上课老师请大家先来猜一个谜语（PPT 出示）：

圆圆形状花样多，

水果口味任你挑。

中秋佳节都爱它，

一口一口把饼咬。

（打一食物）

师：同学们，你们知道它是什么吗？

生：月饼！

师：我们在什么时候会吃月饼？

生：中秋节！

师：为什么中秋节要吃月饼呢？让我们通过一段视频来了解中秋节吃月饼的由来。

（一体机播放微视频）

师：通过这个视频你知道了什么？

生：月饼最早是古代用来祭月的贡品。我国自古有秋天祭月的传统，每年农历八月十五，人们坐在一起赏月、吃月饼，象征着阖家团圆、幸福美满，吃月饼也就成为一种习俗。

（老师拿出一个月饼展示，PPT 出示月饼的图片）

师：说得很好！这就是中秋节吃月饼的习俗，那么你们想不想亲手做一个月饼？

生：想。

师：今天就让我们一起来学习制作中秋月饼。

请思考：

（1）情境创设的作用是什么？

（2）情境创设的原则有哪些？

任务实施

劳动课程的实施是在一定情境中进行的，创设情境对学生具有积极的暗示作用，能潜移默化地影响学生的劳动实践。通过情境创设，在学生与教师之间、兴趣与课程之间架起一座桥梁，激发学生参与劳动实践的动机，唤起学生劳动的积极性，指引教与学的双向活动方向。

一、情境创设的原则

（一）注重真实性

立足学生真实生活经历或体验，面向现实生活。一方面可从学生真实的劳动需求出发创设情境，另一方面也可从真实的问题出发，指导学生明确劳动任务。

（二）凸显教育性

注重创设有利于学生理解劳动任务价值、激发劳动热情、解决挑战性问题等劳动实践学习的情境。注重劳动文化在情境创设中的有机融入，充分挖掘与劳动项目相关的儿歌、谚语、警句、人物事迹等在劳动实践教育中的育人价值。

（二）体现开放性

情境创设应从劳动教育实践基地的实际情况和学生的特点出发，充分利用劳动教育实践基地的各种资源，选择适合的时间和空间组织学生开展劳动。就

项目五 强化劳动过程指导

时间而言,既可根据当前劳动项目的实际进程创设学习情境,也可结合特定节日创设学习情境。如中秋节、端午节、学雷锋纪念日、植树节、"五一"国际劳动节、中国农民丰收节等。就空间而言,根据劳动项目的开展需要,既可在劳动教育实践基地移动教室创设学习情境,也可在室外场所进行情境创设,如育苗区、耕种区、养殖区、花卉区、植物园、食堂、学生宿舍等区域。

二、情境创设的方法

情境创设的方法多种多样,可以是故事、现实生活中的焦点问题或真实的生活场景,也可以是劳动实践指导教师的即兴创作活动。不管何种形式的情境创设,都应该是学生能够接受的、适宜的情境,能够创造出劳动项目所需要的氛围,调动学生已有的生活经验,最大限度地激发学生的劳动兴趣。情境创设的主要方法有以下 6 种。

(一)联系实际生活创设情境

学生对生活中接触过的事物具有一定的认知经验,劳动教育指导教师在创设情境时要贴近学生生活、联系社会实际,恰到好处地利用学生的生活经验创设情境。还可以根据学生的学习能力与核心素养来构建劳动课程,联系生活中的实际问题,将学生的日常生活引入情境创设,用丰富的感性材料,引起学生的注意力,激发学生参与劳动项目的积极性。

(二)利用中华传统文化创设情境

劳动实践指导教师应充分利用与劳动项目相关的中华优秀传统文化创设情境,譬如,中秋节吃月饼的习俗、端午节包粽子的来历等。还可以利用生动有趣的历史文化名人逸事、传统文化典故创设情境,激发学生对劳动项目的学习兴趣。

(三)利用角色扮演创设情境

将角色扮演融入情境创设,可以使劳动项目的内容更加形象生动,培养学生热爱劳动的热情,从而充分调动学生参与劳动实践的积极性。譬如,在教授《争当创文明城市志愿者》一课时，可以让学生分别扮演文明小卫士、创城志愿者、违章群众等角色，创设真实的情境，让学生体验创文明城市志愿者服务，同学们通过角色扮演体悟公益劳动和志愿服务的意义和价值，从而树立正确的劳动价值观和劳动品质。

（四）借助多媒体创设情境

学生的形象思维优于抽象思维，而多媒体技术可以化抽象为形象，把文字、图片、视频集于一体，将学生带进生动形象、丰富多彩的教学情境中去。

（五）利用猜谜、游戏创设情境

劳动实践指导教师可以根据学生心理特点和劳动项目的内容，利用猜谜、游戏创设教学情境，营造愉快的学习氛围。猜谜语、做游戏能使浅显平淡、枯燥无味的教学内容转变为妙趣横生的学习活动，融劳动项目于情趣之中，使劳动课变得有声有色。这种方式寓教于乐，让学生在轻松愉快的氛围中加深对劳动项目的体悟，提高学习的积极性。

（六）联系旧知识创设情境

劳动教育指导教师可以利用学生掌握的旧知识来引入新知识，利用知识的联系创设教学情境，不仅能巩固旧知识，而且可以使学生的知识发生迁移，拓宽视野，培养创新能力。在创设情境时，还可以根据新旧知识之间的联系，巧设悬念，对新旧知识进行比较、分析，提出新问题，并引导学生对劳动项目展开探究性学习。

拓展阅读

情境创设案例——丰收节挖红薯

学生	三年级 6 班（50 人）
时间	中国农民丰收节（2022 年 9 月 23 日）
地点	幸福田园劳动基地耕种区红薯园

续表

劳动任务	挖红薯
解决问题	如何从红薯地里完好无缺地挖出红薯
劳动素养	1.通过挖红薯劳动实践理解劳动的价值与意义、懂得粮食的来之不易； 2.学习使用劳动工具，掌握正确的方法，完整地挖出红薯； 3.培养良好的劳动习惯及不怕困难的劳动品质； 4.培育积极的劳动精神
劳动文化	学习儿歌《小红薯》 小红薯，真淘气，红薯地里捉迷藏。 脑袋钻进泥土里，辫子拖在地面上。
情境创设	师：同学们，你们知道今天是什么日子吗？ 生：不知道。 （播放一段农民伯伯喜获红薯丰收的情景视频） 师：今天是秋分，也是中国农民丰收节！你们知道秋分是我国农历二十四节气中的第几个节气吗？ 生：秋分是第十六个节气。 师：很好，秋分时节正是一派瓜果飘香谷满仓的景象。视频里的这些农民伯伯收获了什么呢？！ 生：收获红薯。 师：对，是红薯。从下面这首儿歌中大家找一找，红薯长在什么地方？红薯藤又长在什么地方？（PPT出示儿歌） 《小红薯》 小红薯，真淘气，红薯地里捉迷藏。 脑袋钻进泥土里，辫子拖在地面上。 生：红薯埋在地里，红薯藤长在地面上。 师：很好！红薯埋在泥土里，我们在挖红薯的时候怎样才能不把它挖断？ 生：可以先把地上的红薯藤去掉，再把红薯上面的泥土拨开，慢慢地把它一点一点挖出来。 师：表扬！今天就让我们一起到劳动基地开展劳动实践活动——挖红薯！

任务回顾

（1）情境创设的原则有哪些？

（2）情境创设有哪些方法？

扫一扫看答案

任务二　准备阶段指导

任务导入

某基地劳动实践指导教师小张刚来基地时,他不知道上课前要准备什么,上课时手忙脚乱,课堂上忘记这个忘记那个,非常尴尬。下课后他虚心向有经验的老师学习、请教,不断吸取成功者的经验,总结自己失败的教训。他按照老教师给他的方法,又结合自己的实践,半年后总结了一套劳动教育上课前的准备工作方案,深得基地领导和同行的认可,他在全基地教学研讨会上做了典型发言,他的方案在全基地推广。

请思考:

你认为小张在劳动教育课上课前期做了哪些准备工作?

任务实施

在劳动准备阶段,劳动实践指导教师需要结合学生、学校、基地资源等方面的准备情况做出指导。劳动教育课前准备的内容主要包括:告知劳动教育目标、布置劳动任务、组建劳动小组、做好劳动事务准备和劳动场域准备。

一、告知劳动教育目标

劳动教育教学活动开始前,指导教师向学生提前告知明确而具体的劳动教育目标,将本次劳动教育的教学意图清楚地传达给学生,有利于教师正确地选择教学方法,妥善地组织教学过程,准确地评价教学结果;有利于学生清楚地知道将从本次劳动教育过程中学到什么,及时了解自己的学习结果,主动地把握自己的学习过程和方法。告知劳动教育目标的方法包括以下方面。

（一）印发明白纸

指导教师提前把设计好的劳动教育目标发给学校，征求学校意见，共同修订后再印刷出明白纸，发给学生，告知学生将要进行的劳动教育的目的是什么，要完成什么任务，让学生提前带着目标任务问题去思考、去准备。

（二）多媒体展示

运用学校或者劳动教育实践基地的多媒体设备，把劳动教育目标展示给学生。

（三）指导教师口头传达

指导教师开始见到学生时用语言告诉学生本次劳动教育活动的目标，让学生清楚明了。

（四）简易黑板书写

劳动教育过程中指导教师在临时制作的或者随身携带的简易"小黑板"上写出劳动教育目标并告知学生。

（五）终端设备转发

指导教师用手机、电脑、平板电脑等设备上的微信、QQ等工具平台，转发劳动教育目标文字材料。

二、布置劳动任务

为了圆满完成劳动教育活动，指导教师一般要提前给学生布置劳动教育任务，准备劳动工具、劳动问题与劳动资料。这些任务指导教师都要提前准备好。

（一）工具准备

准备劳动教育课中使用的工具，如担架制作课程中的绳子、竹竿、锯、刀、剪子等。

（二）问题准备

准备与劳动教育课有关的知识和问题。

（三）资料准备

准备与劳动教育课有关的资料。

三、组建劳动小组

劳动教育学习管理小组简称劳动小组，是指在劳动教育过程中，为开展好劳动教育活动，根据学生的兴趣、爱好和要求，结合劳动教育的具体条件，组成学习管理小组，有目的、有计划、能动性地开展劳动教育活动的学生自我管理基层组织。劳动小组是目前劳动教育活动的主要组织形式。组建劳动小组要注意以下几个方面。

（一）组建方式

采用个人自由选择组合和指导教师指令分配相结合的方式。

（二）组建程序

开展劳动教育前，负责劳动教育课教学的指导教师要提前一周走近学生，与将要参加劳动教育的学生见面，指导安排班主任或者带队老师协助学生组建劳动教育学习管理小组，引导学生在劳动教育中进行自我管理。

（三）小组结构

将每班分成若干个劳动小组，一般每组4~6人，设组长1名、副组长1名，成员若干名。成员设安全委员、救助委员、纪律委员等，保证个个有岗位，人人有职责，事事有人管。指导教师可以先明确每个小组成员的岗位责任与义务，引导学生自荐、推荐他人。劳动小组成立后，拟定劳动小组名称、学习口号，进行全班演讲，表明决心，还可以组织小组成员宣誓仪式，增强责任意识和团队意识，发挥小组干部模范带头作用，培养学生价值体认、责任担当的能力和意识。

（四）纪律要求

在劳动教育活动中，将以小组为单位展开活动，要求全体组员积极参加劳动教育活动，遵守小组纪律，维护小组荣誉。

四、做好劳动事务准备

在劳动教育过程中，指导教师不仅承担着劳动教育教学的重任，也从事着劳动教育事务的服务工作。劳动教育活动学生是否满意、劳动教育课程方案能否圆满实施，在很大程度上取决于指导教师的劳动服务。一般来说，指导教师的劳动事务准备工作包括以下几个方面。

（一）熟悉劳动任务清单

指导教师要熟悉劳动任务清单，熟悉参加劳动的学生的学段、年级、具体劳动项目内容，以及劳动教育评价标准，以及学生参与的劳动任务、参加次数、劳动时长等内容。

（二）熟悉主题课程方案

学校劳动教育指导教师设计课程时要熟悉年级、总人数、男女生数量、年龄、班主任、教学内容、教学方法、劳动工具、劳动地点、劳动时间、安全措施、评价方法、劳动专家、项目负责人等内容，做到心中有数。

校外劳动教育指导教师还要熟悉学校名称、学生年级、来自城市、总人数、男女生数量、年龄、风俗、饮食习惯、领队老师、电话号码、线路、用车情况、司机、教学内容、教学方法、劳动工具、劳动地点、劳动时间、安全措施、评价方法、劳动专家、项目负责人等内容，做到心中有数。

（三）做好劳动知识准备

做好有关劳动知识和资料的准备。准备的过程中应注意知识的更新，及时掌握最新信息。掌握基地专有名词术语，做好生源地有关知识的准备，注意在语音、语调、语法和用词等表达方面的选择与准备。

（四）做好劳动物质准备

指导教师尤其是校外的劳动教育指导教师，在上课前，要做好迎接劳动教育团队的有关物质准备。包括：劳动教育团队主题课程方案、劳动教育服务质量反馈表、劳动教育团队名单、劳动教育团队费用结算单等。

1. 准备好必带的工作物品

工作物品包括：工作证、执业身份标识、音像设备、宣传资料、通讯录、劳动教育手册、教学评价表、安全管理手册，以及按劳动教育团队人数发放的物品（如劳动帽、劳动纪念品）等。

图5-1　劳动教育实践基地劳动物资准备　供图：由杰

2. 准备好必带的个人物品

个人物品包括：名片、手机及充电器、防护用品（雨伞、遮阳帽）、常备药物、记事本与工作包等。

（五）做好个人形象准备

指导教师的自身美不仅关系到个人形象，更关系到学校和劳动教育基地的形象。为了给学生留下良好的印象,指导教师在教学前要做好与所从事的职业相符的仪容、仪表方面的准备。面容整洁,不浓妆艳抹。头发要保持清洁、整齐;着装要符合指导教师的身份,并要方便进行劳动服务工作,整体要求衣着简洁、整齐、大方、自然。

(六)做好心理准备

指导教师需要具备良好的心理素质,时刻准备面临艰苦复杂的工作,向学生提供热情周到的服务,而且要充分考虑如何对特殊学生提供服务,以及如何去面对、处理接待过程中可能发生的问题和事故。要冷静、沉着地面对,无怨无悔地做好劳动服务工作。

五、劳动场域准备

指导教师要事先做好劳动场所、工具设备、材料以及劳动文化氛围营造等方面的可行性、安全性、适应性等准备。

(1)劳动场所是指养殖区、耕种区、教学区等适合不同劳动项目的场所。

(2)工具设备主要指完成项目必需的劳动工具与设备。

(3)劳动材料是项目操作过程中需要使用的消耗性物品及安全防护用品等。

(4)劳动文化氛围主要指劳动场域中与相应项目相关的文化元素,包括张贴的标语牌、模范人物挂图、操作规程图、劳动任务统计表等。

任务回顾

(1)在劳动项目的准备阶段怎样指导学生开展劳动实践?

(2)劳动实践指导教师应当做好什么样的心理准备?

任务三　实施阶段指导

> **任务导入**

实施阶段指导案例——种植玉兰树

劳动对象： 初中一年级学生

劳动基地： 青田山谷劳动教育实践基地

教学过程：

师：同学们好！今天我们来到劳动基地学习种植玉兰树。首先我想问问大家，在选择地点的时候，哪些地方更适合植树？

生：土壤肥沃的地方。

师：很好，除了土壤肥沃，还应选择方便灌溉、排水的地方，这样更能保证树苗成活。下面我们通过一段微课来了解玉兰树种植的步骤。

（一体机播放微课视频，老师讲解说明，分步骤示范）

1. 挖树坑、解草绳

师：根据玉兰树苗根系的长、宽，我们首先用铁锹挖一个大小适宜的树坑，再把围绕树苗根系的草绳解开。

（老师示范用铁锹挖坑，并把树苗上的草绳解开）

2. 栽植树苗

师：将树苗放入坑内，要扶正。进行第一次培土，培土到一半时，将树苗轻提一下，保证根系舒展；提苗后用脚将土踩实，使树苗根须与土壤紧密接触，更好地吸收水分和营养元素。尽量让树坑比地面低一些，便于日后浇水养护。

（老师一边讲解一边示范，演示培土到一半时提苗的动作，让学生熟悉这个环节，再将各步骤连贯完成）

3. 围堰

师：树苗种植以后要围堰并筑实，最后将土在树苗根部打成倒漏斗状的

项目五　强化劳动过程指导

土堰。这样围堰的作用是什么？

生：在下雨天可以承接雨水，使雨水顺着树根流下去。

4. 浇水

师：第一次给树苗浇水必须浇透，使它的根系与土壤密切结合。待水完全渗入后封盖浮土，防止水分蒸发。每次浇水后，最好覆上一层细土，以防水分散失。

5. 上支架

师：为什么新栽的树苗要装上支架？

生：因为刚种的树苗根系埋进土里还不扎实，如果遇到大风，很容易歪斜，甚至被吹倒，所以必须用支撑架固定它们。

请思考：

（1）在劳动实施阶段如何进行讲解说明？

（2）劳动实践指导教师如何指导学生进行淬炼操作？

任务实施

实施阶段是劳动实践的核心环节，让学生完成真实的任务，经历完整的劳动过程，掌握实践操作的基本程序、规则，学会正确使用工具的方法和技巧，对于重点的操作技能可以反复练习。实践任务通常具有挑战性，以小组合作的方式更有利于劳动项目的开展，让学生在集体中锻炼劳动能力、培育劳动价值观，消解个体的劳动难度和惰性，培养合作沟通能力，让学生经历反思、体认、感悟、内化、外化等过程，在动手实践中锻炼劳动能力。

实施阶段要把握好劳动教育的六个关键环节：讲解说明、淬炼操作、项目实践、反思交流、榜样激励、安全保障。

视频：唐文慧谈如何把握劳动教育的六个关键环节

一、讲解说明

围绕劳动项目重点讲解，让学生懂得劳动的意义和价值。加强劳动观念、劳动纪律、劳动法律法规方面的正面引导，加强劳动知识技能的讲解，掌握实践操作的基本原理、程序、规则以及正确使用工具的方法。讲解要与启发思考、示范、练习等结合起来。譬如，《更换电动车电池》劳动案例。

《更换电动车电池》（片段）

劳动实践指导教师一边讲解步骤，一边示范步骤。

（1）拆卸旧电池组。用螺丝刀拧松连着负极的电池螺钉，将电线夹从极端取掉。用同样的方法取掉正极的电线夹。（示范正确使用螺丝刀的方法）

（2）双手抓紧旧电池组，把它从电动车的电池壳里取走。

（3）将新的电池组放进电池壳里。确认电池的正负极安放正确，然后将正负极接上电线夹，拧好螺丝。（提问学生：如果电池正负极接反了会造成什么后果？）

（4）用万用电表测试一下电池组的两端电压，是12V说明电池没问题，盖上电池壳。

（劳动实践指导教师示范使用万用表进行测试的方法，强调劳动安全意识）

二、淬炼操作

围绕如何做的问题，注重示范与练习，让学生会劳动。

（1）强化规范意识。注重从最基本的程序学起。

（2）强化质量意识。注重引导学生关注细节，每个步骤、环节都要精准到位。

典型案例

（3）强化专注品质。注重引导学生对操作行为进行评估与监控，做到眼到手到心到，有始有终。

（4）强化意志品质。引导学生成为积极参与的主体，敢于在困难和挑战中完成劳动任务。

三、项目实践

围绕劳动能力的培养，让学生完成真实、综合任务，经历完整劳动过程。

项目五 强化劳动过程指导

注重劳动价值体认，强化规划设计意识，强调身体力行，锤炼意志、品质，敢于在困难与挑战中完成行动任务。

四、反思交流

围绕劳动价值意义的建构，引导学生总结、交流，促进学生形成反思、交流习惯。组织学生交流分享劳动的体验和收获，将反思、交流与改进结合起来，使学生在劳动中获得成长。

五、榜样激励

围绕劳动的精神追求，树立典型，激发劳动热情。注意树立多类型榜样，不仅有大国工匠、劳动模范，还要有学生身边劳动表现优异的普通劳动者和同学。指导学生从榜样的事迹中领悟高尚精神和优良品质，要求学生在劳动实践中努力向榜样看齐。譬如，在《甜椒炒肉》劳动项目的实施阶段，有的小组同学成功模仿劳动实践指导教师的抛锅技术，一只手娴熟地握住炒锅发力，食材瞬间在空中翻滚，另一只手掌勺将食材迅速煸炒，待食材入味后出锅装盘，色香味美俱全，被评为班级"厨艺小能手"并颁发奖状，利用身边劳动表现优异的同学树立劳动榜样，激发其他学生的劳动热情。

 典型案例

制作冰皮月饼

（地点：麦香公社劳动教育实践基地）

师：下面我们通过一个视频来学习制作冰皮月饼的方法。

（一体机大屏幕播放视频，了解制作冰皮月饼的步骤）

师：制作冰皮月饼有几个步骤？

生：一共分为七步。第一步，在碗里放入月饼预拌粉和果味粉。第二步，放入温水，均匀搅拌。第三步，和面。第四步，把面团切成20克一个的小面团，压成圆形的月饼皮。第五步，包入馅料。第六步，给月饼裹

一层熟糕粉。第七步，压模成型，装入月饼盒。

师：非常好！在劳动实践之前，请每一位同学戴好手套、口罩，保证我们制作的月饼干净卫生。（重视食品卫生安全）

师：下面开始劳动实践。首先在大碗中放入150克月饼预拌粉和20克果味粉。然后放入300克温水搅拌。预拌粉和水的比例是多少？

生：月饼预拌粉和水的比例是1∶2。

师：回答正确。（强化规范意识）同学们一定要记住粉和水的比例，如果不按照这个比例，那么调制月饼皮就会失败。下面请同学们自主开展劳动实践。

（学生分小组开始制作冰皮月饼）

师：第三步是和面。怎样才能算和好面了？

生：感觉不到颗粒了，面就和好了。

师：下一步把大面团切成一个个20克的小面团，压成圆形月饼皮，包入30克馅料。

学生用电子秤称量一个个20克的小面团和30克的馅料，每一个的重量都要精准到位。（强化质量意识、精益求精的工匠精神）

生：老师，我们的月饼放进模具拿不出来了，怎么办啊？

师：（引导学生自主思考解决问题）你仔细想想，把月饼放进模具之前还少了哪一个步骤？

生：哦，我知道了！我们忘了要先给月饼裹一层熟糕粉，才能压模成型。（引导学生对操作行为进行评估监控）

师：熟糕粉的作用是什么？

生：熟糕粉可以防止月饼粘在模具里拿不出来。

师：你们现在能解决这个问题了吗？

生：谢谢老师！我们知道该怎么做了。（强化意志品质、不怕困难、团结协作）

师：请各小组清理垃圾，收拾桌面，把地面打扫干净。（养成良好的劳动习惯）

项目五　强化劳动过程指导

图 5-2　制作冰皮月饼实施阶段指导　摄影：唐文慧

六、安全保障

环境安全。劳动实践指导教师应指导学生熟悉劳动场所，劳动教育实践基地内不宜种植有毒、多刺或易引起过敏反应的植物，还要让学生明确劳动环境的安全要求（水、电、煤气等）以及学生劳动过程中的安全操作距离。

材料用品安全。注意劳动中可能涉及的化学试剂，以及一些有安全隐患的材料。

工具使用安全。劳动实践指导教师要指导学生按照规范使用工具设备，掌握正确的工艺手法，使学生认识到操作不慎会导致人身伤害等安全事故。

应急措施齐备。劳动实践指导教师要向学生讲解出现突发事件时应采取的安全措施，做好突发事件的处理方案、劳动项目紧急预案等，保证学生在出现意外情况时，能得到快速、安全的有效救治。

任务回顾

（1）在劳动实施阶段如何培养学生的规范意识、质量意识、专注力和意志力？

（2）劳动教育实施阶段的安全保障包括哪些方面？

任务四　反思阶段指导

任务导入

顾彬老师每次在基地劳动课程结束以后，总是引导学生进行劳动反思，让学生评价自己的劳动成果，找出自己的不足，因而学生的劳动课收获很大，并且他们感受到了劳动的乐趣，更喜欢上劳动课，更加热爱劳动了。

请思考：

（1）顾彬老师为什么让学生进行劳动反思？反思什么内容？

（2）如何开展劳动成果评价？

任务实施

在劳动反思阶段，围绕劳动过程体验、成果评价、价值体认，引导学生理解劳动实践的价值与意义，感悟劳动成果来之不易，养成反思交流的习惯。鼓励学生以身边劳动表现优异的同学和普通劳动者为榜样，发现自身优势与不足。组织学生开展成果展示、讨论、演讲、辩论等活动，通过讲述劳动故事、撰写劳动日志、制作劳动微视频等方式进行反思交流。教师应引导学生在回顾整个劳动过程的基础上进行反思梳理，劳动知识技能能否进一步应用拓展，劳动价值认知能否进一步全面深入，劳动情感和观念能否进一步提升等。反思阶段指导的内容包括：

一、引导学生分享劳动过程体验

让学生在反思阶段回顾劳动过程中的感受，与他人分享自己的劳动心得与体验，从而获得劳动的成就感。劳动实践指导教师可以把学生劳动过程中的状况拍摄下来，在学生总结时展示照片，让学生根据真实情境说出自己的感悟，从而使学生体验到劳动的喜悦，产生劳动的成就感，激发劳动的热情，培养良好的劳动观念。

二、开展成果评价

成果的评价可从评价内容、评价等级、评价标准三方面展开。劳动评价不能只评价学生的劳动能力，还要对学生在劳动过程中体现出来的劳动态度、劳动习惯、劳动精神、劳动品质等进行评价。评价指标的作用不仅是给学生打分，而且是用评价指标来引导学生肯定自己的优点、发现自己的不足。开展成果评价时，个人与个人、小组与小组之间进行比较，通过观摩学习达到博采众长的目的。学生可以从其他同学、教师对自己的评价中发现自己的优点与缺点，促使自己在以后的劳动实践中加以改进，同时形成反思交流的习惯，深化对劳动价值与意义的理解，使劳动实践内化于心。在评价的过程中，劳动实践指导教师要对学生进行表扬鼓励，使劳动积极的学生享受到自豪感，使学生在成果评比中找到幸福感。这样才能促使学生形成良好的劳动观念，养成崇尚劳动、热爱劳动、珍惜劳动成果的良好品质，使劳动实践事半功倍，富有实效。

反思阶段指导案例——烹制糖醋排骨

劳动基地： 食之源劳动教育实践基地

劳动对象： 小学六年级

教学过程：

师：同学们，刚刚大家互相品尝了各小组烹制的糖醋排骨。下面请第一小组的成员进行劳动分享和经验交流，同时请其他小组的同学对他们的劳动成果进行评价。

（糖醋排骨 摄影：唐文慧）

糖醋排骨成果评价表

小组	成员	酸甜适宜	不油不腻	色泽艳丽	肉质软嫩	评价等级
1	王汉涛、马怡、秦晨依	√		√	√	★★★★☆
2	魏丽娜、张笛、胡鹏		√	√		★★★☆☆
3	韦海洋、文静、韩星羽	√	√	√	√	★★★★★
4	李心薇、夏艳、舟晓光	√	√		√	★★★★☆

生：我们第一组做的糖醋排骨味道棒极了！它酸甜适宜，肉质软嫩，让人垂涎欲滴！

师：在劳动过程中你们遇到了什么困难？

生：我们遇到的最大的困难就是调制糖醋酱料的比例。一开始我们弄不清应该放多少酱料，后来通过上网查询，我找到了正宗上海本帮菜糖醋排骨的酱料调配方法，以500克排骨为例，调配口诀是："料酒生抽醋白糖，1234勺。"我们按照这个酱料比例做出来的糖醋排骨酸甜宜人。（分享劳动过程体验）

师：表扬第一小组的同学！他们在遇到问题时，能够发挥团队合作的精神共同寻找解决问题的办法。如果给你们做的糖醋排骨打分，你会打多少

分？（开展劳动评价）

生：98 分。因为我觉得稍微有一点点腻。

师：其他同学怎么评价第一小组的劳动成果？

生：我觉得这份糖醋排骨之所以有一点腻，是因为他们在烹制的过程中油放多了。下次烹制时食用油的分量可以相对减少。

生：我觉得他们在烹制排骨时少放了一种香料——八角，八角不仅可以去腥除膻，同时还可以增加香味，这道菜如果加入几颗八角会更加美味。

师：大家说得都很好！老师觉得第一组同学做的糖醋排骨色香味美，口感软嫩，摆盘也很漂亮，这些是值得表扬的地方。但是在劳动结束后，第一小组的同学没有及时清理厨余垃圾，也没有清洗砧板和清理桌面，希望下次养成有始有终的劳动习惯。（培养劳动习惯）

生：我们记住了，谢谢老师！今后我们一定养成打扫卫生清理垃圾的好习惯。

师：好的，今天回家请同学们把这道菜做给你的家人们品尝，与他们一起分享劳动成果。

请思考：

（1）在反思阶段让学生分享劳动过程体验的目的是什么？

（2）如何开展成果评价？

三、建立价值体认

价值体认是指通过体验观察去认知、认同价值意义。通过反思和回顾劳动实践的过程，让学生认识劳动的价值和意义，认同劳动创造美好生活的理念，帮助学生建立劳动最光荣、劳动最美丽、劳动最崇高、劳动最伟大的价值体认。

🛠 典型案例

种植卷叶菜劳动实践反思案例

班级	姓名	劳动价值体认
三（1）班	张芳华	通过今天的劳动实践，我体会到种菜的过程很辛苦，农民伯伯在种粮食的时候一定流了很多汗水，每一样食物都来之不易，我以后一定会珍惜粮食，珍惜劳动成果，拒绝浪费
三（1）班	李锦玉	学习种植卷叶菜的过程让我体会到了劳动的快乐，想要有收获就要付出辛勤的劳动和耕耘
三（1）班	王子成	今天的劳动实践课上我学到了种植青菜的方法，今后我会经常来劳动基地精心呵护小菜苗成长，回家后我还会用花盆种一种青菜，种出自己的劳动成果
三（1）班	阙雯欣	通过学习种植卷叶菜，我体会到了劳动最光荣，劳动最美丽，我长大以后要学习袁隆平爷爷为民造福、无私奉献的精神，用辛勤劳动为祖国做贡献
三（1）班	谢妍	期待我的小菜苗快快长大！我会坚持不懈地来给它浇水施肥，让它早日长成新鲜的蔬菜
劳动实践指导教师评价		通过种植卷叶菜劳动实践，同学们体会到农业生产劳动的艰辛，认识到劳动的价值和意义，结合自己在劳动过程中的感受，深刻体会到一分耕耘一分收获，食物来之不易。因此我们要珍惜劳动成果，拒绝浪费，还要学习劳动模范无私奉献的精神，树立劳动创造美好生活的价值观

四、树立劳动榜样

劳动榜样可以从学生身边的普通劳动者和表现优异的同学中寻找，树立典型，发挥榜样激励的作用。对表现好的学生，要及时给予真诚的表扬，进一步固化良好行为和劳动思想。劳动实践指导教师还要善于发现每一个学生身上的优点，以一种既具欣赏又富有发展性的眼光鼓励学生积极参加劳动实践，激发学生的劳动热情。

五、开展反思交流

劳动实践指导教师要积极引导学生对劳动实践进行反思，对劳动实践的过程进行总结与回顾，包括自己的收获与心得体会，养成反思的好习惯，认识反思对劳动实践的意义。学生反思交流的内容包括劳动过程中的表现、劳动观念、劳动态度、劳动能力、劳动习惯和品质、劳动精神等方面。

（1）劳动实践指导教师可以引导学生通过列出反思的内容、反思的方法，以小组讨论交流的方式交流自己的思维过程、操作技能、方法成效等，分享自己成功的经验或是总结失败的原因。

（2）关注别人的劳动成果，鼓励学生通过思考提出建议与意见，寻找值得自己借鉴的经验，运用到今后的劳动实践中去。

（3）劳动实践指导教师自身也要进行反思，以便发现劳动实践过程中的问题并思考原因，找到改进的方式。

反思的方式包括目标对比、互找问题等。目标对比的方式是指学生将劳动实践的结果与劳动预期目标进行对照，寻找之间的差距和问题并分析其原因。互找问题是指集中他人的智慧、眼光，从不同的角度来审视自身，以发现不足。例如引导学生在师生共评、生生互评的氛围中，找到各自的优缺点，互相取长补短。学生能够从中学会倾听，学会反思，学会相互赞赏和帮助。劳动实践指导教师要有意识地对学生进行反思指导和训练，使学生通过反思逐步改善自己的思维品质，提高思维能力，养成不断反思的习惯。

劳动实践指导教师要把学生当作问题解决的主体，组织学生针对劳动中出现的问题展开研究讨论，引导学生分析失败的原因和行为细节，然后对劳动过程、劳动方法进行改进。在这个过程中，劳动实践指导教师不要急于给学生提供解决问题的现成做法，而是指导学生去讨论解决问题的策略，自己寻找解决问题的方法和途径。

任务回顾

（1）劳动反思阶段如何开展成果评价？

（2）劳动实践反思的方式有哪些？

项目实训

请你为温室大棚草莓种植劳动项目设计一个过程指导方案。

项目六
拓展劳动教育课程资源

> **项目导读**
>
> 社会劳动实践基地是劳动课程实施的拓展资源，是工业劳动、农业劳动及劳动周等活动开展的重要保障，也是学校劳动教育的重要补充。基地要充分利用自身现有劳动实践场所，建设学农实践基地、学工实践基地、服务性劳动基地，满足学校多样化劳动实践需求，为大中小学提供所需要的服务。本项目拓展劳动课程资源包括与劳模工匠合作、与劳动场馆合作、与工厂企业合作、与社会公益组织合作、与大中小学合作、与社区合作等方面。

红石国家森林公园劳动教育实践基地　　供图：由杰

学习目标

了解拓展劳动课程资源的各种渠道；熟悉与劳模工匠、劳动场馆、工厂企业、社会公益组织、大中小学、社区等社会资源进行合作的方式方法。

思维导图

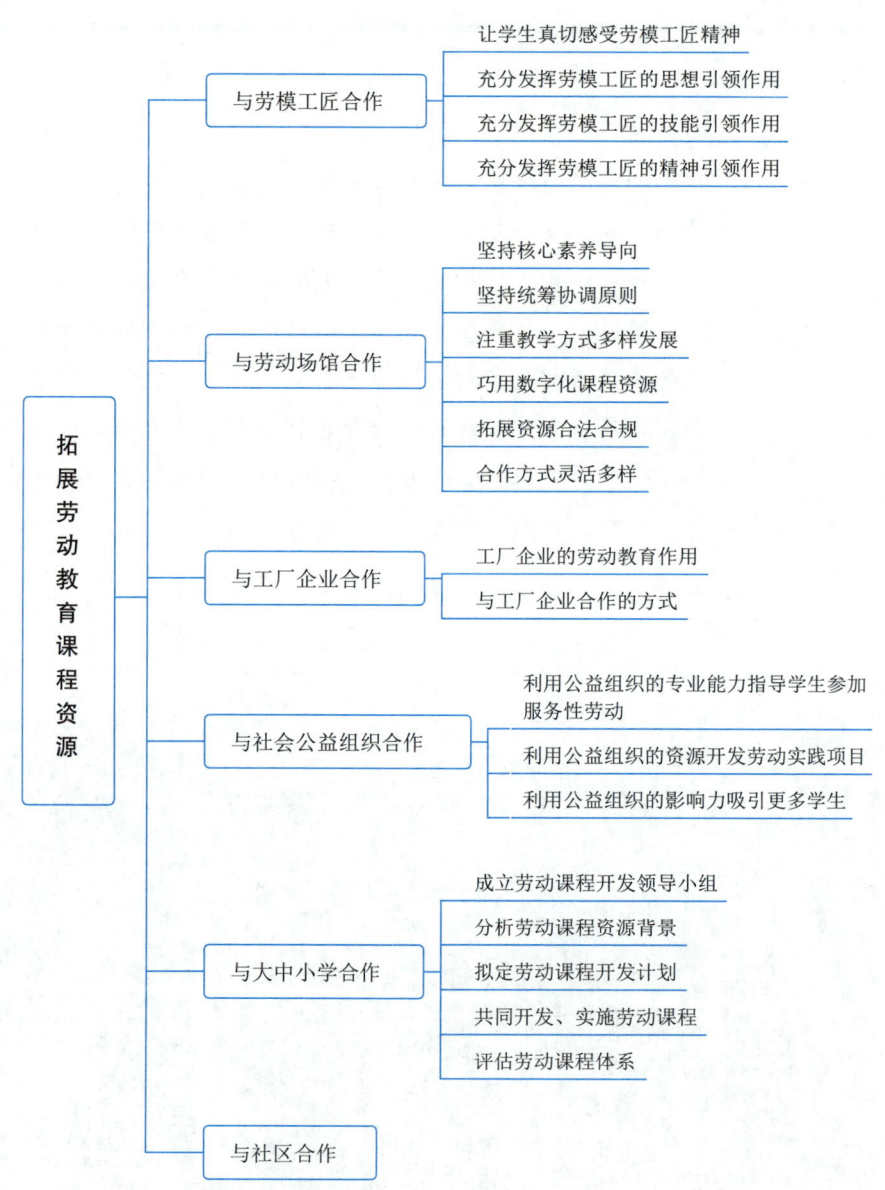

项目六 拓展劳动教育课程资源

任务一　与劳模工匠合作

任务导入

劳模工匠是我国优秀劳动者的杰出代表，他们以辛勤劳动、诚实劳动和创造性劳动，持续推动着社会进步、国家发展和民族复兴，营造了劳动光荣的社会风尚和精益求精的敬业风气。聘请劳模工匠开展"劳动大讲堂"，可以广泛宣传劳动榜样人物事迹，让学生近距离接触劳动模范，聆听劳模故事；劳模工匠指导学生劳动实践，学生可以观摩他们的精湛技艺，感受并领悟勤勉敬业的劳动精神。充分发挥劳模工匠对新时代劳动教育的示范带头作用，对于提升学生劳动素养具有重大实践价值和示范功能。

请思考：
劳动教育实践基地为什么要与劳模工匠合作开展劳动教育？

任务实施

劳动教育实践基地与劳模工匠合作，在指导学生劳动实践中发挥着非常突出的育人教育作用。

一、让学生真切感受劳模工匠精神

劳模工匠到劳动教育实践基地参与指导学生劳动实践，可以帮助学生形成爱岗敬业、艰苦奋斗、勇于创新、淡泊名利、甘于奉献的劳模精神，崇尚劳动、热爱劳动、辛勤劳动、诚实劳动的劳动精神，以及执着专注、精益求精、一丝不苟、追求卓越的工匠精神。知辛小镇劳动教育实践基地邀请省级劳动模范严师傅走进基地开展活动，严师傅和同学们分享了他的劳动故事。自2004年加入公司以来，他秉承着"螺丝钉"的精神，不断学习，不断进取，在平凡的工作岗位上做出了自己的贡献。他用朴实生动的语言，阐述了平凡岗位中的伟大，激励在场每一位同学心怀梦想，辛勤劳动，勇于奋斗，向同学们传递了执着专注、精益求精、追求卓越的新时代劳模工匠精神。

二、充分发挥劳模工匠的思想引领作用

要充分发挥劳模工匠的思想引领作用，培养学生正确的劳动价值取向，引导学生树立劳动最光荣、劳动最崇高、劳动最伟大、劳动最美丽的观念，用辛勤劳动为祖国做贡献。

三、充分发挥劳模工匠的技能引领作用

劳模工匠是干一行、爱一行、钻一行、精一行的典型代表，也是学生掌握劳动技能、培养劳动习惯的实践导师。发挥劳模工匠的技能引领作用，以劳模工匠创新工作室为依托，为学生提供多样化的实践生产劳动和服务性劳动的场所。

四、充分发挥劳模工匠的精神引领作用

在劳动实践中充分发挥劳模工匠的精神引领作用，对学生开展劳动情感教育，引导他们向劳模工匠学习"敢担当讲奉献"的精神，体认"劳动没有高低贵贱之分，任何一份职业都很光荣"的观念，端正劳动态度、涵养劳动情怀，热爱劳动、尊重劳动，为实现中华民族的伟大复兴汇聚强大精神力量。

任务回顾

劳模工匠在指导学生劳动实践中可以发挥什么作用？

任务二　与劳动场馆合作

任务导入

目前一些劳动教育实践基地由于劳动场域有限、劳动课程内容单薄、专业技能劳动实践指导教师缺乏等问题，无法满足劳动育人的总体目标要求。为此，劳动教育实践基地充分利用各种劳动场馆，让它们成为劳动教育资源的重要供给方，为深入开展劳动教育提供了一条切实可行的实施路径。劳动教育实践基地应积极开展与各种劳动场馆的合作，建立健全开放共享机制。

请思考：
劳动教育实践基地为什么应积极开展与劳动场馆的合作？

任务实施

劳动教育实践基地与劳动场馆合作主要体现在拓展劳动场馆课程资源方面。拓展劳动场馆课程资源要坚持劳动素养导向，满足劳动教育教学的实际需要。要有利于强化劳动教学与学生现实生活情境的关系，既要关注物质资源、环境与场地资源，也要关注教师、学生等人力资源。

在拓展劳动场馆课程资源的过程中应注意以下几个方面的问题。

一、坚持核心素养导向

拓展劳动场馆课程资源要充分挖掘各种劳动场馆资源的教育价值，使之有利于引导学生从现实生活的真实需求出发，亲历情境、亲手操作、亲身体验，经历完整的劳动实践过程，有利于学生习得劳动知识与技能、感悟和体认劳动价值、培育劳动精神。

劳动场馆开发的劳动课程要以核心素养为导向，让学生在劳动场馆参加劳动实践的过程中践行劳动价值观、提升劳动能力、培养劳动习惯和品质、培育积极的劳动精神和精益求精的工匠精神。劳动场馆的劳动实践指导师在对学生进行指导时也要以劳动素养为导向，引导学生在劳动过程中主动探究、交流、创造和反思，重点对学生进行操作方法的指导、劳动思维的启发、劳动价值观的引领，提升学生核心素养，促进学生全面发展。

二、坚持统筹协调原则

劳动课程资源的开发与利用要加强机制建设，协调多种途径，调动多方积极性，实现课程资源的共建和共享。劳动场所应当积极发挥"建设""协调""调动"的主体作用。一是统筹规划和配置。劳动教育实践资源种类繁多，形态各异。劳动场馆可以利用的资源相对有限，应当主动担当、统筹规划，有效配置所辖区域工业、农业劳动及服务业劳动资源，并按地理分布合理规划实践点，开发劳动课程资源。二是充分利用。充分利用各种劳动场所挖掘劳动课程资源，在区域内实现共享共用、互惠互利，以满足劳动教育实践基地多样化劳动课程的实践需求。三是建设。劳动场馆的课程资源如若还有不足，则可考虑进行建设。建设时可多方协调，以调动各方积极性，因地制宜，共同兴建学农、学工及服务性的劳动实践基地，共同开发劳动课程资源，为劳动课程的实施提供相应的服务。

图6-1　学生参加当地胡萝卜节　摄影：张双军

项目六 拓展劳动教育课程资源

三、注重教学方式多样发展

劳动课程资源的形态多种多样，劳动场馆在实施劳动课程时应采用丰富多样的教学方式，包括劳动实践指导师讲解说明、示范操作、学生体验、探究学习、分小组合作实践、反思交流等方式。拓展劳动场馆课程资源既要重视劳动场馆等物理形态课程资源的建设与发展，更要科学运用大数据、云平台、物联网等现代信息技术手段加强数字形态劳动课程资源建设，以促进教学方式转变，提高劳动课程质量。

四、巧用数字化课程资源

拓展劳动场馆课程资源要充分利用场馆信息技术，加强数字化课程资源建设，科学运用大数据、云平台、物联网等现代信息技术手段助力指导教师专业成长，促进学生学习方式转变。

五、拓展资源合法合规

拓展劳动课程资源要严格遵守有关知识产权保护的法律法规，保护开发者的合法权益。在劳动过程中通过课程的开设，让学生学会吃苦耐劳，主动承担力所能及的劳动，养成安全劳动、规范操作、坚持不懈以及诚实劳动、合法劳动的劳动习惯和品质。

六、合作方式灵活多样

根据劳动教育实践基地所在的区域，有针对性地拓展劳动场馆课程资源。开辟实训基地、种养殖基地等场域，为学生深入开展劳动实践提供环境基础。针对劳动项目的专业性，可以聘请专业技术人员等走进劳动场馆，成为外聘

典型案例

教师，为学生提供更加专业的劳动课程。

任务回顾

如何拓展劳动场馆课程资源？

任务三　与工厂企业合作

任务导入

劳动教育实践基地与工厂企业合作建立劳动教育共同体，可以有效地拓展劳动课程资源。通过汲取工厂企业的科技文化成果，将企业文化、职业品质有机融入劳动知识和技能的教学之中，培养学生"劳动最光荣"的价值观。通过工厂企业提供的真实的劳动实践机会，让学生在思想上形成对劳动的情感认同，养成良好的劳动行为习惯，学会尊重劳动者、热爱劳动，培养学生形成具有高度责任感、专注执着、勇于创新的工匠精神，发扬艰苦奋斗、忘我拼搏、甘于奉献的劳模精神。让学生在工厂企业的劳动实践中磨砺意志、锤炼品格，最终具备优秀的劳动品质，形成积极的劳动精神。

请思考：

（1）劳动教育实践基地为什么要与工厂企业合作？

（2）工厂企业在劳动教育中可以发挥哪些作用？

任务实施

一、工厂企业的劳动教育作用

工厂企业是拓展劳动课程资源的重要场域，在劳动教育中发挥着重大作用。

（一）为学生提供相关技能培训

工厂企业资源涉及面十分广泛，与它们合作可以帮助劳动教育实践基地拓展劳动课程内容，为其服务的劳动课程提供相关专业技能的培训。

（二）提供真实的劳动实践场域

劳动课程具有显著的实践性，实践操作、辛勤劳作离不开真实的劳动场所及项目，工厂企业可以为学生提供真实的劳动工作的机会，让学生在真实的劳动项目中掌握劳动技能，熟悉具体劳动的工作流程。

（三）帮助劳动教育实践基地降低运营成本

劳动教育实践基地通过与工厂企业合作共建，能解决资金不足的问题，同时来自企业的技术、设备等优质资源也可以让学生在劳动实践中直接使用和学习。

二、与工厂企业合作的方式

劳动教育实践基地与工厂企业合作开展劳动教育的方式有以下方面。

（一）共同培育劳动教育师资队伍

图 6-2　汽车维修班学员来汽修厂参加劳动　摄影：李岑虎

劳动教育实践基地可以与工厂企业合作推进劳动教育师资队伍多元化，共同打造一支由基地劳动实践指导教师和企业导师共同组建的劳动教育教师队伍，加强对学生具体劳动实践的引导，通过理论与实践相结合，培养学生树立爱岗敬业、尊重劳动等正确的劳动价值观。工厂企业导师不仅走入课堂指导学生劳动实践，而且深度参与劳动课程方案的修订、劳动课程的建设创新。

（二）共同建设劳动教育实践基地

劳动教育实践基地应加强与工厂企业合作，通过双方资源平台的紧密衔接，实现资源共享、互相支持，构建一个优势互补的劳动教育实践基地。合作的工厂企业为学生提供劳动技能实训场地，让学生体验丰富多样的劳动实践形态和方式，突出劳动实践的技术性和技能型，实现核心素养的养成。

典型案例

（三）共同研发立体化劳动课程资源

围绕提升劳动技能、增强实践能力、培育劳动精神三大任务，劳动教育实践基地与工厂企业共同研发劳动实践课程，充分拓展、整合立体化劳动课程资源，制订项目化劳动课程方案；同时，优化课程设置，创新教学方式，增强劳动教育课堂的吸引力。

（四）共同创设多元化劳动教育评价体系

构建劳动教育实践基地、工厂企业和个人三方结合的劳动教育评价体系，有效反馈学生在劳动素养方面的收获和不足，能为今后有针对性地开展课程教学提供调整的依据。因此应建立多元化劳动教育评价标准，从劳动态度、劳动技能、劳动成果、劳动能力等多个方面，优化设计各项指标，全方位地评价学生的劳动实践，达到以评促建的目的。还须考查学生是否树立正确的劳动价值观，注重学生将劳动实践自我内化的过程。还应为学生提供展示劳动技能和成果的平台，鼓励热爱劳动、勤于劳动的学生，并给予表现优秀的学生相关荣誉奖励，从而进一步提高学生的职业认同感和劳动自豪感。

任务回顾

劳动教育实践基地与工厂企业合作开展劳动教育的方式有哪些？

任务四 与社会公益组织合作

任务导入

《中共中央 国务院关于全面加强新时代大中小学劳动教育的意见》中指出，各类公益基金会、社会福利组织要组织动员相关力量、搭建活动平台，共同支持学生深入城乡社区、福利院和公共场所等参加志愿服务，开展公益劳动，参与社区治理。劳动教育实践基地应积极与社会公益组织开展合作，拓展劳动课程资源。

请思考：

（1）什么是社会公益组织？

（2）劳动教育实践基地为什么要与社会公益组织积极开展合作？

任务实施

社会公益组织是以服务社会公益事业为主要追求目标，致力于解决各种社会性问题的非营利性机构。在开展劳动教育活动中，劳动教育实践基地与社会公益组织合作，发挥着重大育人作用。

对于劳动教育实践基地如何有效地与社会公益组织合作，我们做了初步的探讨。

一、利用公益组织的专业能力指导学生参加服务性劳动

公益组织擅长的领域在于公益活动与志愿者服务，利用它们的专业能力指导学生进行服务性劳动，可以更好地体现公益劳动的价值。

二、利用公益组织的资源开发劳动实践项目

劳动教育实践基地与公益组织合作，可以拓宽劳动实践渠道，开发出更多满足学生需求的公益劳动和志愿者服务项目。譬如，与以下关注青少年成长的公益组织共同开发劳动项目：中国关心下一代工作委员会、中国儿童少年基金会、中国宋庆龄基金会、中国青少年发展基金会、满天星青少年公益发展中心、中国公益联盟、中华慈善总会等机构。

三、利用公益组织的影响力吸引更多学生

公益组织服务往往能给社会带来重大和持久的改变，给大众、社会、环境等方面带来良好的改变，具有较高的社会影响力。公益组织关注的社会议题较宽泛，取得的成效重大，公益传播影响力辐射面广，公益组织能联动更多社会力量解决问题。因此，应该利用公益组织的影响力吸引更多学生参与到公益劳动与志愿服务劳动实践中去。譬如，某市"常青藤"劳动教育实践基地与该市青年志愿者协会合作，在"五一"劳动节前夕组织本市中学生到池盐博物馆开展劳动实践活动。中学生们在池盐博物馆了解了具有五千年悠久历史的池盐文化，并亲身参与晒制池盐的劳动实践，沉浸式体验了整个劳动过程，感受劳动的快乐。该市青年志愿者协会自成立以来，充分利用自身的社会影响力，吸引中小学生积极参与公益劳动实践活动，让广大青少年通过公益劳动与志愿活动，进一步培养劳动精神和劳动品质，不断增强社会责任感。该青年志愿者协会的举措，为推动劳动教育发展、帮助新时代青少年茁壮成长贡献了"青年力量"。

典型案例

项目六 拓展劳动教育课程资源

任务回顾

谈谈你了解的劳动教育实践基地同社会公益组织合作的具体做法。

任务五　与大中小学合作

任务导入

2022年秋季，全国大中小学陆续开设劳动课程，但是很多学校，尤其是老学校缺乏现成的劳动场地。浙江某劳动教育实践基地有限公司摸清这一情况后，积极与学校附近村庄联系，承包了很多学校附近的土地，与学校合作，共建劳动教育实践基地，取名"开心农场"。学校每周到"开心农场"开设一到两节劳动课，同学们都很开心。每个班级都要承包一小块菜地：一年级种蚕豆，二年级种土豆，三年级种桑养蚕，四年级种油菜，五年级种向日葵，六年级养兔子。有时候基地还请来劳动模范、能工巧匠给同学们讲讲劳动精神、劳模精神。学生开心，家长满意，也为学校减轻了负担。

请思考：

劳动教育实践基地怎样与大中小学开展合作？

任务实施

劳动教育实践基地与大中小学开展合作，主要内容是合作开发劳动课程、实施劳动课程，开展劳动教育教学活动。合作开发劳动课程的步骤如下。

一、成立劳动课程开发领导小组

确定领导小组成员，编制劳动实践指导手册，对课程资源开发进行监控

— 163 —

与管理，建立课程资源管理数据库等。

二、分析劳动课程资源背景

包括：对学生的身心发展、知识储备、兴趣、劳动能力和需求进行分析；对劳动实践指导教师的知识、技能、经验与特征等情况进行分析；对可利用的基地资源、学校资源、人力资源进行分析。

三、拟定劳动课程开发计划

劳动课程开发计划的主要内容包括劳动课程的总体思路、时间安排、活动方式、组织与实施、成果展示形式与评价方式等。

四、共同开发、实施劳动课程

依据劳动课程开发计划，劳动教育实践基地与大中小学共同开发劳动课程，同时实施劳动课程，开展劳动教育教学活动。

 典型案例

学校与基地共同开发劳动课程

安徽省淮南某劳动教育基地是一所以农耕学习与体验为主要特色的劳动教育实践基地，现已成为淮南二中、淮南四中等学校合作共建的"劳动教育实践基地"。该基地牵手各大中小学校，相继开发了以劳动教育、农耕体验为主题，涵盖农耕系列、非遗国学手工课系列等60多套课程，可充分满足从小学到高中阶段各个年龄段的学生劳动教育。在水稻体验区，为学生们提供栽插秧苗进行原始耕作的场域，让学生了解稻米的生长过程；在非遗文化长廊，让学生体验、学习与二十四节气密切关联的农事活动，知晓中华民族农耕文化的主脉。

该基地与各大中小学校密切合作，从劳动教育课程研发、劳动教育师

项目六 拓展劳动教育课程资源

资培养提升、劳动教育实践基地内涵式建设与发展等方面进行长期交流、指导、合作，共同推动劳动教育可持续、高品质发展，谱写产教融合、校企合作的新篇章。

五、评估劳动课程体系

劳动教育实践基地应与合作单位共同评估劳动课程体系。评估的内容包括：对劳动课程开发与利用的情况；课程是否具有教育价值；是否符合学生的身心发展特点；是否体现核心素养的培养要求，等等。

任务回顾

劳动教育实践基地与大中小学合作开发劳动课程的步骤有哪些？

任务六　与社区合作

任务导入

有一天，某基地劳动实践指导教师小唐和小罗对话。

小罗说：劳动教育是学校的课程，是学校和基地的事情，同社区合作多此一举，没有必要。

小唐说：劳动教育不仅是学校的事情，而且是全社会的事情，也是社区教育工作之一。社区有丰富的劳动课程资源，我们基地要积极与社区联合，利用社区资源为学校提供劳动教育服务。

小罗说：你说得有道理，以后还真得与社区合作。

请思考：

劳动教育实践基地怎样利用社区资源设置劳动实践岗位？

任务实施

劳动教育实践基地应该与社区积极合作，利用社区资源科学设置劳动实践岗位。

（1）通过社区平台为学生提供更多参与服务性劳动的机会。譬如，开展社区志愿者服务活动。

（2）社区选派社区的退休老党员、劳模与学生结对子，引导学生在劳动实践中提升劳动本领，真正体会劳动最光荣、劳动最崇高、劳动最美丽、劳动最伟大。

（3）劳动教育实践基地可以开设"社区劳动课堂"，邀请社区人员参与指导学生劳动实践。

（4）聘请社区的能工巧匠、非遗传承人定期为学生教授劳动课程。

（5）开发社区劳动实践课程体系，探索"全社会协同参与"的育人模式。

任务回顾

劳动教育实践基地应怎样与社区合作拓展劳动课程资源？

项目实训

请为你了解的劳动教育实践基地写一份拓展劳动课程资源方案。

项目七
加强师资队伍建设

项目导读

劳动实践指导教师是基地劳动教育教学活动的主要承担者，是基地教育系统中的最基本要素之一。本章节围绕基地劳动教育师资"何以是""是什么""如何是"等问题，全面阐述了劳动教育师资的条件、任务、素养、技能与培训等内容，旨在通过学理层面的分析，深化对于基地劳动教育师资的理解和认识，为新时代背景下劳动教育实践基地师资队伍建设提供参考。

苏州太湖雪蚕桑文化园指导教师集体备课　　供图：金晓春

学习目标

熟悉劳动教育实践基地师资条件；掌握劳动实践指导教师的教育任务；掌握劳动实践指导教师专业技能；熟悉劳动实践指导教师培训内容。

思维导图

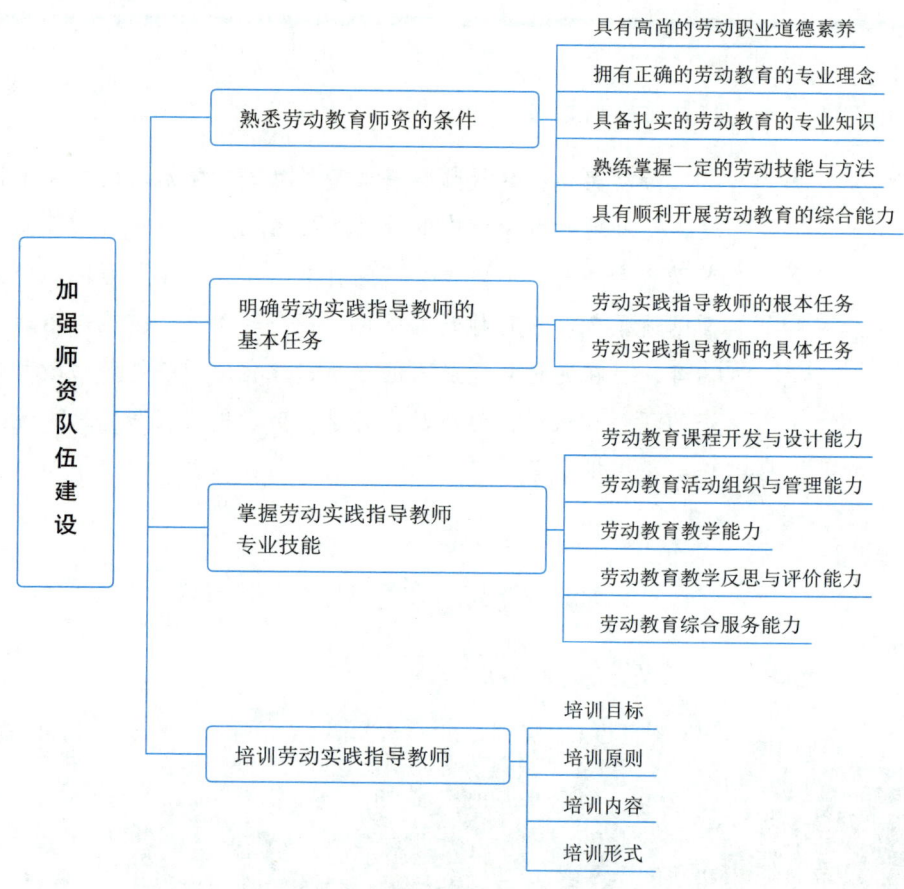

任务一　熟悉劳动教育师资的条件

任务导入

荀况《荀子·大略》言：国将兴，必贵师而重傅；贵师而重傅，则法度存。国将衰，必贱师而轻傅；贱师而轻傅，则人有快；人有快则法度坏。

新时代劳动教育的师资问题，是开展劳动教育必须解决的前提性问题，也是保证教育教学质量的重要保障，直接决定了劳动教育推进主体是否缺位、是否错位、劳动教育是否能够顺利进行并落到实处等诸多问题。

请思考：

（1）为什么说"国将兴，必贵师而重傅；贵师而重傅，则法度存"？

（2）劳动教育实践基地劳动实践指导教师要符合哪些条件？

任务实施

劳动教育实践基地劳动实践指导教师应符合以下五项基本条件。

一、具有高尚的劳动职业道德素养

基地劳动实践指导教师是学校劳动教育校外辅助教师，担负着立德树人、劳动育人的重任。因此，基地劳动实践指导教师应具有高尚的思想道德素养：热爱中国共产党，热爱祖国，热爱教育事业，热爱劳动教育，坚定劳动实践指导教师职业的信心；坚持中国特色社会主义，有理想信念，有道德情操，有扎实学识，有仁爱之心；将"立德树人"贯穿于自己劳动教育教学活动的全程、职业生涯的全部，把师德修为作为自我专业发展的重中之重。

二、拥有正确的劳动教育的专业理念

基地劳动实践指导教师从事的教育教学活动，是一种专业教学活动。从根本上说，指导教师专业活动的开展，受其内在层面的专业理念的影响与制约。如果指导教师所秉持的专业理念是先进的、正确的甚至超前的，那么，就能从根本上保证基地指导教师开展教育教学活动实践的科学性和有效性。而一旦指导教师专业理念存在滞后、偏差，那么极有可能导致教育教学活动低效、无效，甚至产生负面效果。

对于基地劳动实践指导教师而言，必须全面了解新时代劳动教育的本质内涵、特征等内容，掌握学校劳动课的讲解方法和教学目标，深刻把握劳动教育在新时代背景下的"新"转变，熟练掌握关于劳动教育的专业理论。在此基础上，通过不断内化，结合基地实际，形成正确的且符合时代发展要求的劳动教育理念，并在劳动教育活动开展中进行创造性转化和灵活性运用。

基地指导教师要充分认识劳动课程内容丰富、涉及面广，场地开放、分散，指导方式灵活等特点，创新教研方式，提升劳动课程实施水平。

三、具备扎实的劳动教育的专业知识

指导教师的专业知识是保证教育教学活动顺利开展的前提和基础。拥有合理完善的专业知识结构，可以保证指导教师自由灵活地开展教育教学活动，以达到有效教学。对于基地劳动教育师资来说，要具备以下四个方面的专业知识。

第一，劳动教育的理论性知识，即关于劳动、劳动教育等方面的理论知识。

第二，劳动教育的实践性知识，即指导教师在开展劳动教育过程中，通过体验、实践、反思、再实践、再反思并结合个人经验而形成的有关劳动教育的新认识和新知识。

第三，教育科学的知识。有效劳动教育的开展，需要有正确的教育教学理念、方法和策略等，这就要求劳动教育指导教师必须掌握必要的教育科学方面的知识。

第四，基地劳动资源知识，即基地劳动教育课程资源专业知识。这是基地指导教师必须掌握的专业知识，也是学校教师无法掌握的知识。譬如，拖拉机厂的生产过程和技能、陶器制作过程和技能、景泰蓝制作过程和技能等。

四、熟练掌握一定的劳动技能与方法

劳动教育不仅需要进行知识层面的讲授，而且需要现实层面的实践。基地开展劳动教育，最重要的是能够使学生掌握一定的劳动技能和方法，从而能够在社会生活中进行最基本、最基础的劳动。

基地指导教师具有示范性，是学生学习和模仿的对象。所以，劳动教育指导教师需要熟练掌握一定的操作层面的劳动技能与方法，不能只扮演"讲授者""传话筒"的角色，而要走入生活、走向实践，不断创新开展劳动教育的形式，通过基地实践教学、直观教学、现场教学等形式，引领学生在动手中习得、在实践中获得、在操作中提升。

五、具有顺利开展劳动教育的综合能力

开展劳动教育是一项具有复杂性和系统性的活动，需要协调多方参与，不仅需要在基地系统内部进行组织和管理，而且需要协调家庭、学校与社会之间的关系。尤其对于基地指导教师来说，更需如此。因此，劳动教育指导教师需要具备开展劳动教育的综合能力，如劳动教育的组织与管理能力、劳动教育教学能力、劳动教育的评价与反思能力、沟通与合作能力、劳动教育活动服务能力等。

任务回顾

你认为怎样才能成为一名优秀的劳动教育实践基地劳动实践指导教师？

任务二　明确劳动实践指导教师的基本任务

任务导入

2020年3月20日,《中共中央 国务院关于全面加强新时代大中小学劳动教育的意见》颁布,指出加强新时代大中小学劳动教育的指导思想是:以习近平新时代中国特色社会主义思想为指导,全面贯彻党的教育方针,落实全国教育大会精神,坚持立德树人,坚持培育和践行社会主义核心价值观,把劳动教育纳入人才培养全过程,贯通大中小学各学段,贯穿家庭、学校、社会各方面,与德育、智育、体育、美育相融合,紧密结合经济社会发展变化和学生生活实际,积极探索具有中国特色的劳动教育模式,创新体制机制,注重教育实效,实现知行合一,促进学生形成正确的世界观、人生观、价值观。

请思考:

你认为劳动教育实践基地劳动实践指导教师的任务是什么?

任务实施

一、劳动实践指导教师的根本任务

2022年10月16日,习近平总书记在中国共产党第二十次全国代表大会上的报告指出:"办好人民满意的教育。教育是国之大计、党之大计。培养什么人、怎样培养人、为谁培养人是教育的根本问题。育人的根本在于立德。全面贯彻党的教育方针,落实立德树人根本任务,培养德智体美劳全面发展的社会主义建设者和接班人。"这不仅指出了我国教育改革的目标和任务,而且为新时代劳动实践指导教师的根本任务——立德树人提供了基本遵循依据。

二、劳动实践指导教师的具体任务

新时代劳动实践指导教师的具体任务,主要包括以下四个方面的内容。

(一)引导学生树立正确的马克思主义劳动观

基地指导教师要通过自己的教育教学活动,使学生能够理解并内化马克思主义基本理论,引导学生正确认识劳动意义,正确认识劳动的地位,牢固树立劳动最光荣、劳动最崇高、劳动最伟大、劳动最美丽的观念,形成正确的马克思主义劳动观。

(二)向学生传授系统的劳动知识与技能

要向学生传授现代社会生产最基本的知识和技能,让学生了解现代社会是如何通过劳动推动人类社会发展的。引导学生动手创造,熟练掌握满足生存最基本需要的劳动技能。

(三)培养学生正确的劳动态度,养成良好的劳动习惯

培养学生逐渐生成自我的劳动能力,进而形成劳动的习惯。引导学生在生存与生活中热爱劳动、勤于劳动、乐于劳动,只有这样,劳动教育的目的和任务才会实现。

(四)弘扬新时代劳动精神,形成良好的社会氛围

在实现中华民族伟大复兴的道路上,涌现出许许多多劳动模范、劳动工匠、劳动能手,他们为中国特色社会主义现代化建设做出了卓越贡献。我们国家逐渐形成了爱岗敬业、争创一流、艰苦奋斗、勇于创新、淡泊名利、甘于奉献的劳模精神,崇尚劳动、热爱劳动、辛勤劳动、诚实劳动的劳动精神,执着专注、精益求精、一丝不苟、追求卓越的工匠精神。我们要让劳模走进基地、走进课堂、走进教材,让劳模精神在劳动教育中发扬光大、在学生心中生根发芽,滋养学生的成长和发展,逐渐形成全社会良好的社会风气。

任务回顾

结合基地实际，谈谈指导教师怎样才能较好地完成自己的教学任务。

任务三　掌握劳动实践指导教师专业技能

任务导入

张生老师认为劳动实践指导教师的职能不仅仅是配合学校老师，做好劳动教育服务，还要认真备课、上课、管理好学生，全面提高基地劳动实践指导教师自身的专业技能。

请思考：

你认为这种说法正确吗？基地劳动实践指导教师要具备哪些专业技能？

任务实施

基地劳动实践指导教师的专业技能至少应包括以下几个方面。

一、劳动教育课程开发与设计能力

劳动教育课程的开发与设计能力是基地劳动实践指导教师最基本的专业技能，也是每一位劳动实践指导教师必须具备的专业技能。

劳动实践指导教师是基地劳动教育课程开发与设计的主体。指导教师要依托劳动教育基地资源，在综合考虑本地区、本基地和学生实际情况的基础上，综合研判已有的课程资源与教育资源的条件，开发和设计出不同的劳动教育课程。譬如，某农业与生物学院教学实践基地指导教师，依托学院园艺学、食品科学与工程两个学科，利用基地资源优势，将学校公共课和社团结合起来，打造出了从种植到生产加工的全链条劳动体验课程。

二、劳动教育活动组织与管理能力

在劳动教育的过程中，指导教师既是执教者，也是组织者。指导教师要对劳动教育教学情境各要素进行协调、组织、管理、监督与评价，全面统筹协调劳动教育中的各种关系。

三、劳动教育教学能力

劳动教育教学能力也叫上课能力，它是指导教师做好教育的制胜法宝。劳动实践指导教师在开展教学活动时，要能够将自己所教授的内容进行专业化的加工与艺术化的处理，通过艺术化的形式和恰如其分的语言进行表达，实施劳动教育活动，上好劳动教育课。这种上课能力正是指导教师必备的职业技能。

四、劳动教育教学反思与评价能力

劳动实践指导教师要对整个劳动教育教学活动进行反思与评价。这种能力包括教师自我的反思与评价，对学生存在问题的认识，对基地、服务方的认识与评价等。通过反思与评价，不断认识自我、提升劳动教育教学质量，提高学生的劳动素养。

五、劳动教育综合服务能力

劳动实践指导教师除了具备前面四个方面的能力以外，还要具备劳动教育服务能力，这是指导教师综合能力的表现。劳动教育服务能力包括招标投标能力、签订合同能力、饮食住宿服务能力、突发性事件处理能力、风险防控能力、网络舆情防控能力，还有宣传推广能力等，这都是新时代指导教师的综合服务能力。

任务回顾

劳动实践指导教师应具备哪些综合服务能力？

任务四　培训劳动实践指导教师

任务导入

2022年8月20日河北教育网报道：8月16日至17日，全市中小学素质教育实践基地教师劳动教育课程实施专题培训在市教师发展学院举办，全市各素质教育实践基地100余名骨干教师参加了培训，市教育局副局长苏守杰出席开班仪式并讲话。

苏守杰强调，全市中小学素质教育实践基地教师要以本次培训为契机，认真学习，勤于实践，不断提升专业素养，要做善于学习的教师，学理论、学经验、学智慧，不断丰富自身知识内涵；要做善于思考的教师，多用心、多反思、多总结，不断提升教育科研能力；要做善于实践的教师，学用结合、学以致用、持之以恒，不断提高实践活动教学水平。

请思考：

为什么要对劳动教育实践基地劳动实践指导教师进行培训？培训的内容有哪些？

任务实施

劳动教育实践基地劳动实践指导教师培训是有目的、有计划地组织基地指导教师参与和劳动教育教学活动有关的学习活动，旨在培训中不断更新劳动实践指导教师的知识与能力的结构，促进指导教师的专业发展，使指导教师具备和掌握符合新时代劳动教育发展要求的教育理念、教育方法等，不断提升劳动教育教学的质量。

一、培训目标

培养适应新时代发展需求的劳动教育实践基地指导教师师资队伍，打造具有扎实劳动理论知识与劳动实践能力的优秀劳动实践指导教师。

二、培训原则

加强劳动实践指导教师的培训要坚持以下四个原则。

（一）坚持全员培训原则

所谓全员培训，是指针对基地内各类人员，包括基地领导、指导教师、管理人员、服务人员，有计划、分步骤地进行全面的培养和训练，大规模组织基地教职员工开展再学习、再教育的活动。开展劳动教育，必须营造浓厚的学习氛围，使基地内部各类人员深刻把握新时代开展劳动教育的必要性和重要性，正确认识劳动教育的地位和内涵。整个基地都说劳动话，都做劳动事，都上劳动课，形成整个基地开展劳动教育的合力。

（二）坚持因材施教原则

由于实践指导教师自身知识储备、能力结构存在差异，再加上所处环境及所受影响不同，指导教师个体的发展存在着明显的独特性和差异性。因此，在开展劳动实践指导教师培训之前，要综合考察所面对培训对象的基本情况，以培训对象的需求为中心安排培训的内容。坚持因地制宜、因时制宜，因材施教，在尊重指导教师差异化发展的基础上，有针对性地设计培训方案。在开展劳动教育培训的过程中，要注意培训对象的反馈，加强与培训对象交流，动态调整培训内容，做到培训的"量身定制"。

典型案例

梁老师是某师范大学的劳动专业课教师，应邀去某劳动教育实践基地对基地的劳动实践指导教师开展劳动教育教学方法培训。梁老师培训前了解到该基地的劳动实践指导教师大多是退伍军人，且在基地已经从事过两年以上的蔬菜种植工作，具有一定的劳动技能和经验，同时年轻的指导教师有一定的智慧化种植技术，但是缺乏教育理论和学校教师使用的教育教学方法。于是梁老师因地制宜、因材施教，有针对性地编写了适合该基地的培训方案。该方案强调劳动教育目标，补充讲解教育理论，重点讲解教学方法，把教学方法同劳动技能相结合，使数字化技术和劳动教育相结合，取得了良好的育人效果。

（三）坚持实践导向原则

实践性是劳动教育的显著特征，培养具有必备的劳动能力的劳动者是劳动教育的重要任务。劳动教育的师资不但需要具备扎实的劳动教育的理论知识，还需要具备一定的劳动实践能力，突出实操类、实践类课程操作讲解。如在劳动实践指导教师培训中提供情景式的培训氛围，开设实践类、参观类、技能提升类培训模块。以问题为中心、以情境为切入的沉浸式和体验式培训，既可以激发指导教师参与培训的兴趣，又可以使指导教师更为直观地体验和感受劳动教育的魅力。

（四）坚持教学理论培养原则

目前，我国劳动教育实践基地指导教师具有丰富的实操性专业技能和高超实践能力，但是教育教学理论水平偏低，缺乏劳动学科理论知识和劳动教学能力。因此，对基地来说，坚持教学理论培养原则，对参训的指导教师做一些教育理论、教学方法、教学能力内容的培训，具有一定的现实意义。

三、培训内容

劳动实践指导教师培训的内容，要紧扣素质教育与新时代教育发展的方向，着眼学生发展，立足教师成长，不断更新劳动教育师资培训的内容。

（一）从培训课程性质角度分类

从培训课程的性质角度来看，指导教师培训的内容包括：
（1）通识类培训内容，如师德师风建设、劳动教育理念更新等。
（2）理论类培训内容，如劳动教育课程建设、马克思主义与劳动教育等。
（3）实践类培训内容，如现场观摩、课堂实练等。

（二）从指导教师培训本身角度分类

具体到指导教师培训本身来说，培训内容要围绕培养师德师风、传授劳动教育专业理论知识、坚定劳动教育的意志、培育劳动教育的情感、讲授劳动教育的方法等，广泛联系社会生产实践，构建"知行合一、学做一体"的内容体系。

四、培训形式

实践指导教师培训的主要形式有以下几种：
（1）参加教育主管部门或者劳动教育组织机构举办的劳动教育指导教师进修班、培训班或研修班。
（2）到高等院校、中小学校、教学科研机构和劳动企业进修学习、挂职锻炼。
（3）参加国内外各种劳动教育学术会议、劳动教育学术讲座和论坛。
（4）去其他劳动教育实践基地考察、参观、观摩。
（5）参加本单位组织的业务学习和自主学习。
（6）网络上接受现代远程教育、数字化教育。
（7）参加各种劳动教育论文比赛、教案比赛、教学能手比赛、教学试讲比赛等。

（8）参加各种劳动教育图书编写和培训。

（9）与其他指导教师、专家合作，开展教育调查，进行教育行动研究。

（10）参加各种劳动职业资格、职业技能证书考试学习。

任务回顾

结合实际，谈谈劳动实践指导教师培训的原则。

项目实训

请结合实际为某工业劳动教育实践基地起草一份劳动实践指导教师培训方案。

项目八
强化后勤管理服务

项目导读

后勤管理是劳动教育实践基地运营与管理的重要环节。本项目强化后勤管理服务内容包括物资管理服务、饮食住宿服务、车辆交通服务三部分内容。通过阅读和学习本项目内容，能够在研究及教学实践中得到较多的启发，了解并熟悉劳动教育服务的内容。

河南省濮阳市示范性综合实践基地　　供图：张双军

学习目标

通过本项目的学习，了解后勤管理服务的重要意义及相关知识，熟悉物资管理、饮食住宿、车辆交通的设置要求，为劳动教育实践基地提供高质量的后勤保障服务。

思维导图

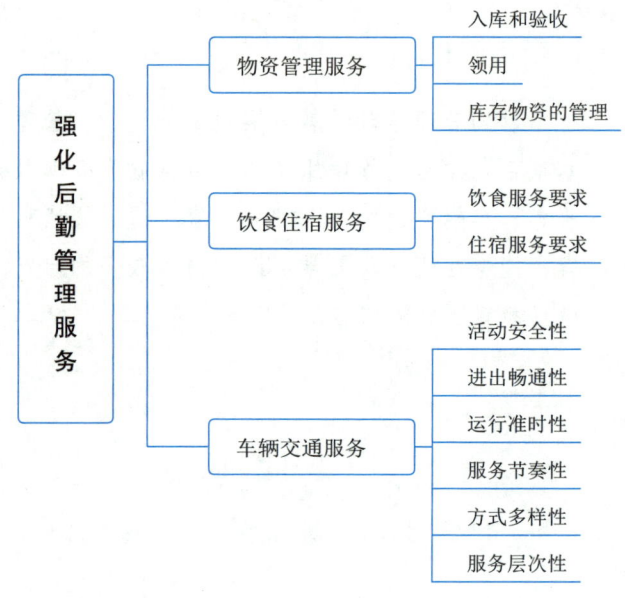

项目八　强化后勤管理服务

> **任务实施**

为全面落实新时代党对劳动教育的根本要求，要积极探索将劳动教育融入后勤管理服务的长效机制，多措并举，通过后勤管理的规范化、标准化建设，服务劳动育人，为培养德智体美劳全面发展的新时代劳动者做好保障。

任务一　物资管理服务

> **任务导入**

某劳动教育实践基地的实验室需要更新一批仪器设备。物资管理部门根据实验室的采购需求，在市场上寻找厂家，进行价格比较和质量评估等工作，最终选定了一家具有高性价比的合作商。合作商将货物运送到基地，并由物资管理部门对货物进行验收。职员按照订单中的数量和规格对货物进行了核对，同时检查了货物的质量和完好程度。验收合格后，职员将货物编号、标注类别、入库时间、规格型号等信息录入系统，并将货物送到仓库进行分类存放。

在日常运营中，物资管理部门需要通过科学合理的物品分类和标识，确保实验室物资的有效利用和追踪管理。同时，物资管理部门需要定期对实验室的资产清单进行更新和维护。通过以上的管理措施，该劳动教育实践基地实现了物资的采购、入库、出库、调拨和盘点等工作的规范化和系统化，同时也可以更好地支持基地的教学、实践和创新活动。

请思考：
如何做好基地的物资管理工作？

> **任务实施**

物资管理涉及货物从准备开始到入库检查和使用的全过程，为了确保全部入库的劳动教育所需物品均为合格品,保质保量,基地应及时正确地进行劳动教育所需物资供应的规划、购买、订货、运送、检查、管理和使用等作业,并做好物资控制管理,使各项物资的使用过程都具备可追溯性,以确保其均处在合理的质量控制状态下,并努力做到质优价廉,符合基地优化工作的需要,以确保劳动教育的顺利开展。

一、入库和验收

(1)开展劳动教育所用的物资运输前,仓管部门应与专门人员共同检验物资的数量、规格、尺寸、功能、品质等能否满足本单位使用需要。对不满足使用条件的产品,可以选择进行退货或补货。

(2)供货商送商品入库时,仓库工作人员必须认真审查物资类型、品质、数量、价格等是否达到本单位订单规定,按有效货单检验,经审核齐全无误后,出具《入库单》,将物资入库存放。

(3)直接送货到各项目上的各类物料,由项目负责人开具验收单,其中"品名"、"规格"、"送缴"、"实收"、"单价"、"金额"、"项目名称/领用部门"、"填单人"、"验收人"、"领用人"及"负责人签名"各项内容应填具完备。

(4)对于采购人员零星购回后直接交付使用的物品,仓管员也要审核物品数量、品种、金额,并检验物品质量。审核无误后,出具《验收单》,再由相关部门的工作人员办理领用手续。

二、领用

(1)物品的领用必须严格地按照已核有效申购计划数量领用。突发事件和特殊情况例外。

(2)物品领用一律须填制规范的《领料单》,领用部门的主管或领班必须清楚、准确填写物品名称、单位、领用数量、工作辖区,领用人签字,经部门负责人签字审核后生效。若手续不完全、项目不清楚,库管人员有权拒发。库管人员核对后,填写实发数量,予以发放。

三、库存物资的管理

（1）物资管理人员应当按照物品的功用和类别，分门别类地码放物品，摆放整齐，并做好标识，确保各类物料不误发或混用，合理有效地使用库容，保证出入方便、整齐有序。物品发放按"先进先出"的原则发放。

（2）库房应保持清洁，确保库房及库存物资的安全完整和库容整洁，注意通风、防潮、防火、防盗，配备消防设施，要做到"八防四检"。"八防"，即防火、防盗、防潮、防霉、防鼠、防尘、防爆、防漏电。"四检"，即上班必须检查仓库门锁有无异常，物品有无丢失；下班检查是否已锁门、拉闸、断电及是否存在其他安全隐患；经常检查库内温度、湿度，保持通风；检查易燃、易爆物品是否单独存储、妥善保管。

任务回顾

假如你是基地后勤物资管理人员，你如何做好后勤工作？

任务二　饮食住宿服务

任务导入

×年×月中午×劳动教育实践基地的集体食堂发生一起食物中毒事件，首例病人发病时间是3月16日14：00，此后6小时内不断有人发病被送进医院，无死亡病例。发病的临床症状较为一致，主要为恶心、呕吐、腹痛、乏力等，发病较重者有紫绀。因吃过的饭菜已经处理，现场均未采到学生当时吃过的剩饭菜，只采到发病较重两位学生的洗胃液或呕吐物，现场收集到的味精、盐、沙井蚝油、白切鸭、老抽、生抽、芹菜、南瓜等食品均未检出亚硝酸盐；发病较重学生的洗胃液和呕吐物均检出亚硝酸盐。经过实验室检验、流行病学的调查和临床诊断，最终确认，发病当天气温比较高，29名学生系食用了学校食堂炒河粉等放置过久的变质食物而造成亚硝酸盐中毒。类似的劳动教育实践基地食物中毒事故不在少数。这些学生食物中毒事件，暴露出学校食堂存在着不小的卫生安全隐患。

请思考：

（1）劳动教育实践基地对饮食服务有哪些要求？

（2）菜品质量、餐饮服务的基本原则、基本要求、基本程序、管理制度应该符合哪项规定？

任务实施

一、饮食服务要求

（一）餐厅位置合理

餐厅的位置与环境直接决定着劳动教育实践基地餐饮单位的经济效益。恰当的位置能够使更多的学生前来就餐，而环境的舒适度也直接影响就餐者的心情和体验。因此，基地要注意餐厅的选址与环境的设计。如果餐厅距离学习、生活区域太远，则很难为劳动教育实践团队提供好的用餐服务。

（二）环境清洁卫生

学生对用餐场所的环境、餐具和食品的卫生状态非常敏感。用餐环境对学生就餐情绪的好坏产生直接影响。学生就餐环境应保持清洁雅静、空气清新，餐具用品要进行严格的消毒，餐饮产品新鲜、健康。食堂卫生防疫应当满足《食品安全国家标准 餐饮服务通用卫生规范》（GB 31654—2021）的要求。基地日常生活饮食应严格执行《生活饮用水卫生标准》（GB 5749—2022）的要求。总体来说，要保证食品安全，日常生活工作环境条件和设备整洁、安全，管理严格规范，秩序良好。

（三）产品明码标价

价格是学生很敏感的一个因素，不合理的餐饮产品价格，不仅会让学生有上当受骗、被宰的感觉，也会影响学生的劳动心情。因此，基地餐厅在提供餐饮服务时，应在保证餐饮产品质量的前提下，制定合理的价格。各类用餐食品都应明码标价，当学生们就餐完毕以后，要出示服务票据及相关税票，做到不欺客、不宰客，客观公平，价位合理，质价一致，让学生明明白白消费。

（四）服务快速及时

学生到餐厅就餐时希望享受到快速、及时、有序的服务，其原因主要是：学生参加基地活动，要消耗大量的体力和能量，易产生强烈的饥饿感。他们饥肠辘辘时，若在食堂点菜、上菜、结账上面费时太久，会让他们受不了。因此，劳动教育实践基地在提供餐饮服务时要做到快捷高效，学生进餐厅，服务员就马上主动上前为学生安排座位，为学生斟上茶水，及时上菜上饭。或者采用自助快餐方式，为学生提供快速的服务。

（五）尊重关爱学生

劳动教育实践基地要提供优质高效的餐饮服务。餐饮服务人员要以友好、诚恳的态度接待，为学生着想，使他们有宾至如归的感觉。要关注学生用餐的各个环节，如微笑迎送学生、引领入座、送餐递茶，以及尊重学生的饮食习惯等。

（六）注重特色文化

高质量的特色食品对于学生来说很有吸引力，学生对目的地的特色食品、特色小吃最感兴趣，所以在基地餐饮经营中，餐饮品种越丰富越好，同时要走特色化道路。特色化经营既能满足学生求新、求奇的餐饮消费心理，又能弘扬基地地方饮食文化。如果将基地餐饮文化纳入劳动教育课程体系，那么学生在劳动教育实践基地就餐就不只是填饱肚子，更可以获得一种特殊的体验。因此，劳动教育实践基地餐饮部门还要进行饮食文化的创新，体现特色饮食文化的教育功能。

图 8-1　中国烹饪大师范昭民制作孟府菜　供图：范昭民

（七）管理服务规范

劳动教育实践基地餐饮服务的主要服务对象是学生，与社会其他餐饮企业相比服务更加规范、管理更加严格。《食品安全法》《学校食堂与学生集体用餐卫生管理规定》《学生集体用餐卫生监督办法》都对相关服务做了明确、具体、详细的规定。

餐厅微小气候、空气质量、通风等卫生标准，及餐厅内外卫生要求执行《食品安全国家标准 餐饮服务通用卫生规范》（GB 31654—2021）规定。

饮食、饮具消毒卫生执行《食品安全国家标准 餐饮服务通用卫生规范》（GB 31654—2021）规定。

饮用水执行《生活饮用水卫生标准》（GB 5749—2022）规定。

菜品质量要求，餐饮服务的基本原则、基本要求、基本程序、管理制度符合《旅游餐馆设施与服务等级划分》（GB/T 26361—2010）要求。

污水排放符合《污水综合排放标准》（GB 8978—2017）规定。

二、住宿服务要求

（一）住宿环境

1. 服务人员

服装整洁，干净利索，精神状态好。

2. 学生客房

（1）客房干净卫生是最基本的住宿要求。客房服务人员的主要职责是整理客房，做到客房内外设施清洁整齐，使学生产生信赖感、舒服感、安全感，能够放心使用。

（2）清理客房要在学生不在房间时进行。即使是空房间也要及时清理，以便随时迎接学生。

（3）房间要适时通风除湿，避免床单、被褥、地毯和浴巾潮湿、产生霉味，保持客房舒适的住宿条件。

3. 公共区域

公共区域要清洁卫生，为学生提供舒适、整洁的公共区域环境，是住宿服务的基本要求。

（二）安全保障

1. 人身安全

人身安全是学生最基本的要求。服务人员在没有得到学生允许的情况下，不得擅自进入学生房间；不得随意接听学生的房间电话；不要让陌生人进入房间，避免人身意外伤害；服务人员进入房间时不要东张西望；客房服务尽量不要干扰学生的生活。

2. 财产安全

不得随意翻动学生的物品，不得随意丢弃学生的物品；及时做好提醒和告知服务，防丢失、防盗窃，保证学生的财产安全。

3. 环境安全

客房的安全、消防设施要齐全可靠，居住环境无污染、无噪声，做好防火、防疫、防治安事故等安全预防工作。

（三）营造安静轻松的居住氛围

客房环境的宁静，会给人舒适的感觉。劳累后的学生进入房间需要安静轻松的服务，因此住宿服务要注意以下环节：

（1）选配设备要考虑低碳环保、低噪声甚至无噪声。

（2）做好隔音措施，阻隔噪声的传入和传导。

（3）张贴"请勿喧哗"等温馨提示标志。

（4）和善地提醒大声说笑的学生，引导学生自我克制，放轻脚步，小声说笑。

（5）服务人员须做到"三轻"，即走路轻、说话轻、操作轻。

（四）服务周到热情

1. 真诚热情

热情的话语能消除学生的陌生感，缩短学生与基地管理人员和服务人员情感上的距离，使学生真正体会到"家"的感觉。

2. 微笑服务

要求服务员以真诚的笑容向学生提供服务。微笑服务也表现了工作人员的美好心灵和诚挚态度。

3. 尊重人格

不仅要尊重成年人的人格，更要尊重学生的人格。学生心灵脆弱，极易受到伤害。一旦发生侮辱学生人格的情况，各种服务将难以弥补。

4. 服务周到

服务员热情周到的服务，会建立起彼此信赖的桥梁，会取得学生对住宿服务工作的配合、支持，有利于服务员顺利完成日常的服务工作，也有利于维持良好的信誉。

（五）符合规范、标准

劳动教育实践基地住宿服务应规范正确，符合国家相关标准。

（1）住宿的总体服务质量和安全管理应符合《旅游饭店星级的划分与评

定》（GB/T 14308—2010）的要求。

（2）基地住宿的环境保护要求符合《绿色旅游饭店》（LB/T 007—2015）的要求。

（3）基地周边环境空气质量符合《环境空气质量标准》（GB 3095—2012）的要求。

（4）基地附近声环境质量符合《声环境质量标准》（GB 3096—2008）的要求。

（5）室内客房用品质量、配备要求等符合《星级饭店客房客用品质量与配备要求》（LB/T 003-1996）的规定。

（6）基地污水排放应符合《污水综合排放标准》（GB 8978—1996）的规定。

（7）厕所达到《旅游厕所质量要求与评定》（GB/T 18973—2022）中 A 级以上标准。

（8）露营地应符合《休闲露营地建设与服务规范 第 4 部分：青少年营地》（GB/T 31710.4—2015）的要求。

（9）传染性疾病预防工作符合《商业服务业经营场所传染病预防措施》（GB 190—2003）的规定。

任务回顾

劳动教育实践基地应从哪些方面为学生做好饮食服务和住宿服务？

任务三 车辆交通服务

任务导入

某劳动教育实践基地引入了基于互联网的车辆交通智慧化服务系统。该系统可以自动监控车辆使用情况，包括出行时间、行程路线、车速、油耗等参数,并统计车辆使用情况,以便学校安排合理的车辆使用计划。基地在所有车辆上安装了智能车载通信系统,用于实时监控车辆的位置、状态、安全等信息,以便管理人员随时掌握车辆使用情况,进行调度,优化运营效率。基地推出了车辆预约及查询功能,学生和企业可以通过微信公众号或APP进行车辆申请和查询,可以直接选择需要的车型和车牌号码,提前进行预订,并进行支付和确认,方便快捷地完成用车流程。基地实行车辆定位服务,可以精准地定位每辆车的位置,并且在学生和企业端提供对应的定位服务,方便学生和企业对车辆的使用情况进行随时查询,确保用车的安全性。

通过以上智慧化服务的实施,基地可以实现车辆调度更加科学化,让学生和企业可以方便快捷地使用车辆,同时也保证了车辆的用途合法、安全、有序运营,促进了劳动教育实践基地的可持续发展。

请思考:

智慧化车辆管理系统可以实现哪些功能?

任务实施

劳动教育实践基地的车辆交通服务是指在劳动教育实践基地为参观实践者提供安全、便捷的出行服务,以引导参观实践者正确理解交通安全和文明乘车的重要性。车辆交通服务不仅能为参观实践者提供必要的出行服务,还能为基地形象的提升和参观者满意度的提高做出重要贡献。提供车辆交通服务要注意把握以下几方面内容。

一、活动安全性

学生离开学校,外出参加劳动教育实践活动是为了获得身体上和心理上的劳动体验,旅途中发生任何意外都是无法接受的,因此,安全性始终是各方最为关心的问题。务必充分考虑劳动实践教育交通服务过程中的安全性,如线路中道路的安全性、交通工具的安全性及途经区域的安全性等。

二、进出畅通性

进出畅通性是指劳动教育实践基地同外面交通联系的通畅性和便利程度，即不仅要方便学生进入，而且要保证学生劳动教育实践结束后能顺利离开。内部运输要安全畅通；交通工具设备齐全、清洁，宜采用环保清洁燃料。

三、运行准时性

劳动教育实践基地交通服务带有严密的连贯性，任何一个环节的延误和滞留都会产生连锁反应，最终有可能产生一系列的经济责任，如房费、餐费和交通费等问题。交通服务的准时性是评价劳动教育实践基地服务好坏的最主要标准。

四、服务节奏性

劳动教育实践基地的客流量在时间上存在着很大的不确定性。一般来说，进入和离开基地的客流量在每天的不同时段，在周末、非周末及劳动教育实践基地的淡旺季，都各有特点。这就要求基地的管理者和服务人员要协调客流高峰带来的压力，为学生提供高效、优质、快捷的交通服务；同时，基地内部应注重劳动点的空间分布，合理安排劳动教育节奏，丰富学生的劳动教育体验。

五、方式多样性

劳动教育实践基地的交通方式具有多样性特点，即使同一种交通方式也会有差异。不同的基地对劳动教育交通方式的选择也不同，这就要求基地应该合理布局和优化组合劳动教育实践方式，管理者和服务员应该熟知劳动教育交通服务的多样性，增加学生对劳动教育交通的选择性。

六、服务层次性

劳动教育实践教学根据劳动实践团队的不同层次，针对不同年龄、不同年级、不同生源地、不同教学目的、不同经济条件的学生，对基地交通方式及其价格的要求不尽相同。因此，基地的管理者和服务人员要对不同层次的需求进行运量和运力的合理考虑，以满足学生不同的需求。

任务回顾

提供车辆交通服务需要把握哪几个方面的特性？

项目实训

根据前面所学知识，结合实际，请写一份基地后勤管理服务方案。

项目九
提供安全保障服务

项目导读

该项目包含四个任务，分别是分析劳动教育实践基地安全运营因素、成立安全管理机构、制定安全应急预案和购买基地责任保险，它们都是为劳动教育实践基地提供安全保障服务的重要环节。

红石劳动教育实践基地安全员风采　　供图：由杰

学习目标

掌握如何组建基地安全管理机构，学会制定详细的安全管理制度和安全应急预案，学会选择如何购买基地责任保险等。

思维导图

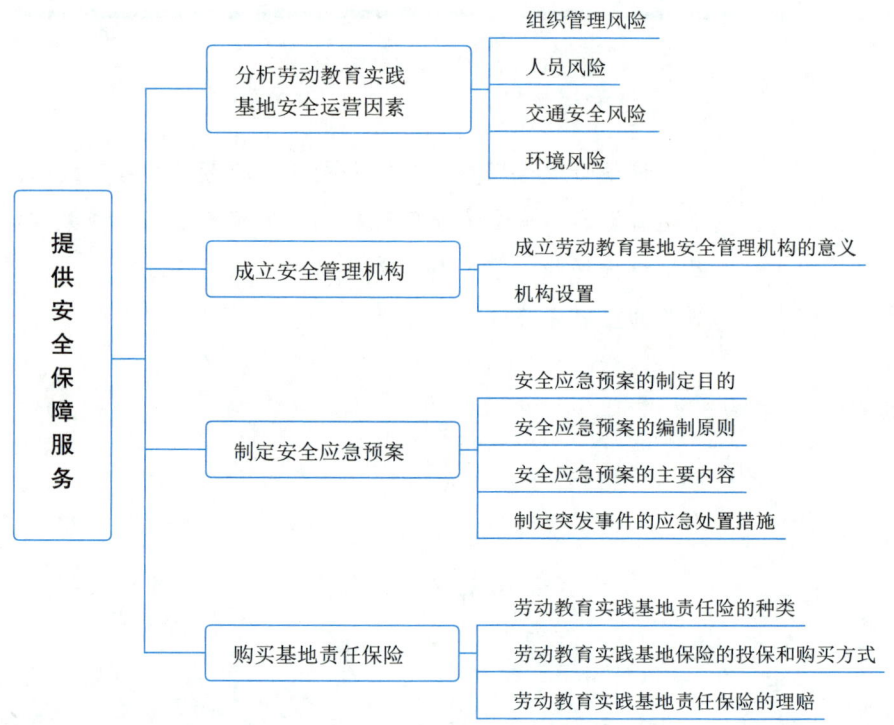

任务一　分析劳动教育实践基地安全运营因素

任务导入

劳动教育实践基地安全运营因素分析工作在很多基地易被忽视，往往在基地出现事故后才开始引起基地重视。其实，凡事预则立，不预则废。只有真正做到有备无患，才能常报平安。

请思考：

（1）分析基地安全运营因素有什么作用？

（2）你认为影响基地安全运营的因素有哪些？

任务实施

劳动教育实践活动作为一种职业劳动过程，存在一定程度的劳动安全风险，主要包括组织管理、各类人员、交通和环境四个方面的风险。

一、组织管理风险

组织管理风险表现在以下三个方面。

（一）规章制度不健全

（1）没有制定劳动教育活动方案、措施手册及标准，或照搬照抄、流于形式。

（2）管理制度缺失，未能根据劳动教育实践活动建立细化、健全的管理规定，或管理规定没有可行性或落实不到位。

（3）协调机制不完善，领导责任制度不完善。在开展劳动教育教学活动中或出现重大突发事件时会无章可循、无规可守，甚至有章难循、有规难守。

（二）应急预案不规范

（1）劳动项目突发事件的应对措施不足或没有针对性和可操作性，劳动安全保障机制不健全。

（2）应对预案缺乏定期更新，没有根据应对措施进行专门的培训和应急演习。

（三）紧急救助能力不足

因为没有事前的准备和训练，事故救护力量不够，没有必要的事故救护物资，也未配备经过专门救护培训的安全员，当遇到突发事件时，事故救护信息不准确，救护资源（人员、物资等）不齐全。

二、人员风险

人员风险表现在如下所述的三个方面。

（一）学生群体风险

（1）受主观因素（年龄、意识、素养、行为等）和客观因素（疾病、体质等）的影响，学生容易发生脱离集体擅自行动、学生间因琐事产生纠纷、活动过程中违规操作等不安全行为。

（2）由于学生身心机能还没有发育完善，且免疫抵抗力较薄弱，或本来就具有敏感体质及既往病史等因素，会出现突发性病症甚至发生意外伤害等。

（3）学生安全意识不强，对劳动实践活动内容和过程不熟悉，劳动操作不规范，给劳动教育实践活动增添了不确定性。

（二）基地管理人员风险

（1）基地管理人员在指导学生参加劳动实践活动期间突然出现身心不适状况，不能正常履行安全管理职责。

（2）基地管理人员缺乏职业道德，思想认识不到位、安全意识不强，未认真执行有关规定，对学生活动疏于监管，未能尽到有效监管职责。

（3）由于事前未进行充分的风险研判，基地管理人员没有处理突发状况的意识能力，造成极大的安全隐患。

（三）社会人员风险

劳动教育实践基地属于开放性的社会学习、生活区域，人员密集、结构复杂，学生群体因其应对风险的能力较弱，很容易沦为那些极端分子恐怖袭击行为等安全事件的受害者。

三、交通安全风险

交通安全风险表现在下面所谈及的三个方面。

（一）交通工具存在安全隐患

开展劳动教育实践活动应当优先选择航空或铁路等交通运输方法。如果师生乘坐的车辆本身存在安全隐患，出行前未做全面的车辆故障排查，将会加大交通安全风险。

（二）交通路线选择不当

由于劳动教育活动的路线选择错误，或者遇到了路面维修、封路、路面崎岖不平、城乡接合部的乡间道路上没有交通信号灯等现象，又或者对道路状况不了解等，都会加大交通安全风险。

（三）驾驶员因素

驾驶员在出发前就出现身体不适、心理不健康等症状，影响正常行车；或驾驶员做出疲劳驾车、酒后行驶、超车、抢道等严重违法违规的行为。

四、环境风险

环境风险表现在以下三个方面。

（一）生活环境

（1）劳动教育实践基地住宿环境达不到卫生条件，如被褥、床单等清洗不干净，导致学生出现过敏反应等。

（2）就餐场所不安全、食物不新鲜、饮用水质量不合格，引起食物中毒、水土不服等。

（3）基地周边正在传播一些流行性、感染性病毒，造成学生被传染。

（二）人文环境

（1）劳动教育实践基地举行重大公众活动导致人群密集。

（2）治安普遍不好，偷窃抢劫案件多发或出现群众性活动。

（3）由方言所导致的话语沟通困难，导致言语冲突。

（4）各地不同的习俗也容易导致文化冲突。

（三）自然环境

（1）对特殊环境缺乏了解，未穿戴必备的防护装备。

（2）未提前了解天气情况，驻留基地内或途中偶遇雨雪、闪电、狂风等，以及在酷热、严寒等极端天气出行，或夜间外出，这些都极易对学生造成伤害。

任务回顾

结合实际，分析劳动教育实践基地在运营与管理过程中的不安全因素。

任务二　成立安全管理机构

任务导入

《中共中央 国务院关于全面加强新时代大中小学劳动教育的意见》要求："建立健全劳动教育与管理并重的劳动安全保障体系。"

请思考：

怎样建立、健全劳动教育与管理并重的劳动安全保障体系？

任务实施

一、成立劳动教育基地安全管理机构的意义

劳动教育实践作为一种需要身体力行的活动，不可避免地存在一定程度的各种客观或潜在的安全风险。建立健全安全保障体系，为劳动教育实践基地提供周密而可靠的安全保障管理，不仅是开展劳动教育的前提基础和重要支撑，还会大大降低安全事故发生的风险性和可能性，更有助于学生树立科学正确的"安全第一"的劳动观念，并具备一定水平的劳动安全素质。建立健全劳动教育实践基地安全管理机构，明确基地安全管理机构的分工职责与运行模式，能持续稳定地为劳动教育实践基地的安全保障保驾护航。

二、机构设置

对劳动教育实践基地安全保障体系的管理，是通过劳动教育实践基地的安全管理机构来实现的。但是劳动教育实践基地的安全管理机构目前尚没有统一的设置规定，常规的做法是设置三个管理部门，即领导决策组（部门）、

应急响应组（部门）与日常执行组（部门）。下面对这三个部门做进一步的探讨。

（一）领导决策组（部门）

劳动教育实践基地的安全管理工作具有问题复杂性、风险多样性、环节多重性、责任艰巨性和任务高度性等特性，因此需要强有力的领导小组做安全方面的重要决策或调度工作。基地安全管理领导决策组的组长由基地董事长担任，小组成员由下属基地安全管理日常执行组的组长担任。

基地安全管理领导决策组的主要职责是：

（1）批准劳动教育实践基地安全策略。

（2）决定劳动教育实践基地安全责任分工。

（3）制定劳动教育实践基地安全考核标准。

（4）制定劳动教育实践基地的各种安全处置流程。

（5）检查劳动教育实践基地安全制度的执行情况。

（6）对劳动教育实践基地安全方面的重点事宜进行研究和决策。

（7）研究和处理重大安全事故。

（8）负责与教育行政主管部门、消防或其他部门进行安全工作的对接。

（二）应急响应组（部门）

劳动教育实践基地的应急响应组负责对基地的突发事件进行快速的响应并进行相应的应急处理，力求将事件的影响和损失降低到最小，最大限度地挽救和保障有关人员的生命与财产安全。

应急响应小组的主要职责是：

（1）按照劳动教育实践基地的应急响应流程和制度向领导汇报重要安全事件。

（2）采取一切必要手段，降低和消除突发事件的影响。

（3）与上级部门或安全机构合作，协助进行事故的分析和取证工作。

（三）日常执行组（部门）

日常执行组是负责劳动教育实践基地的日常安全工作事宜的常设机构，

可设立具体专业管理小组,分工负责、共同执行基地日常安全管理工作。

1. 基地设备安全管理小组

(1)设立目的

为了劳动教育实践基地的设备安全,对基地设备情况进行常态化日常管理和应急处置。

(2)组织机构

基地设备安全管理小组设组长一名,组长同时也是基地安全管理领导决策小组的成员。组员人数视劳动教育实践基地的规模而定,一般至少配备两名组员。

(3)小组职责

①参与建立健全基地设备安全管理制度。

②完善有关配套设施、更新设施、维护设备设施。

③学习与更新设备安全知识。

④宣传相关安全知识、张贴警示标志。

⑤对基地设备安全进行监督与防范。

⑥深入进行设备安全检查。

典型案例

某劳动教育实践基地设备安全管理制度

为规范基地设备管理,提高设备运行的安全性和可靠性,减少设备运行、维护保养及维修等过程中产生的危害和危险,确保设备安全、稳定、长周期运行,特制定并执行本程序。

(1)基地设备安全管理小组负责设备的验收、建档、维修和报废全过程管理。车队负责车辆的管理及日常保养工作。领导决策小组负责审批设备的配置、改造及维修计划。

(2)采购的设备购回后,由设备安全管理小组对设备的规格、型号、随机备件、技术资料进行检查,由设备使用部门对产品和设备的性能情况进行核对,如核对无误,设备安全管理小组做入库验收。

(3)设备安全管理小组对每个设备编号并建立《设备档案》,连同使用说明书、图纸等技术资料建档归档保存。

（4）设备使用部门负责对设备操作人员进行培训，人员经考核合格后方可单独操作。

（5）一旦发生事故故障，当事人必须立即采取应急措施，马上停机。

（6）设备使用部门负责对本部门使用的设备进行日常检查，发现问题及时进行解决。

（7）基地设备安全管理小组对各部门的设备日常检查情况进行监督，发现对设备故障拖延处理造成安全隐患的情况，视情况给予一定经济处罚。

（8）对设备故障处理不力或拖延处理，导致安全事故发生者，要从重处罚，并追究相关法律责任。

2. 基地食堂安全管理小组

（1）设立目的

为了劳动教育实践基地的饮食安全，对基地食堂情况进行常态化日常管理和应急处置。

（2）组织机构

基地食堂安全管理小组设组长一名，组长同时为基地安全管理领导决策小组的成员。组员人数视劳动教育实践基地的规模而定，一般至少配备两名组员。

（3）小组职责

①参与建立健全基地食堂安全管理制度。

②完善有关配套设施、更新设施、维护设备设施。

③学习与更新安全知识。

④宣传食堂安全知识。

⑤对基地食堂卫生安全、燃气安全、食品安全进行监督与防范。

⑥对食堂工作人员是否遵守食堂安全管理制度进行监督与检查。

典型案例

某劳动教育实践基地食堂安全管理制度

为了对基地食堂卫生安全、燃气安全、食品安全进行监督，促进基地食堂安全的规范化、制度化，明确分工与责任，把基地食堂安全工作纳入基地的日常管理工作之中，现特制定以下食堂安全制度。

（1）非经厨师长同意，厨房工作区域严禁外来人员进入。

（2）员工须严格遵守厨房内各项管理制度的规定。

（3）自觉养成卫生习惯，须保持工装整洁和齐全，严禁在工作区域随意吸烟，严禁工作时随意吃、拿食物，严禁将厨房食物随意转赠他人。

（4）餐厅员工须持有效健康证上岗。

（5）在职员工由基地免费组织一次体检，凡发现有员工患有传染病或不适合工作岗位的，基地将视情况进行岗位调整。

（6）食堂应对食物的采购、储存、生产、餐品存样等各个环节进行记录和把关，做到源头可溯、环节可查。

（7）基地食堂安全管理小组有权对基地食堂卫生安全、燃气安全、食品安全进行日常监督和检查。

（8）食堂员工若未按照卫生规范操作而引起不良后果，将会受到经济处罚，并被追究法律责任。

3. 基地住宿安全管理小组

（1）设立目的

为了劳动教育实践基地的住宿安全，对基地住宿设施情况进行常态化日常管理和应急处置。

（2）组织机构

基地住宿安全管理小组设组长一名，组长同时为基地安全管理领导决策小组的成员。组员人数视劳动教育实践基地的规模而定，一般至少配备两名组员。

（3）小组职责

①参与建立健全基地住宿安全管理制度。

②完善有关配套设施、更新设施、维护设备设施。
③学习与更新住宿管理及安全知识。
④宣传相关住宿安全知识、张贴警示标志。
⑤对基地住宿安全进行监督与防范。
⑥日常对宿舍消防等设备进行安全检查。

典型案例

某劳动教育实践基地住宿安全管理制度

为了对基地的住宿安全进行规范化管理，提高住宿安全的防范意识和树立住宿安全管理的日常防范理念，实现基地住宿安全的全方位保障，特制定本制度。

（1）基地住宿安全管理小组负责协调住宿师生的夜间安全巡查。
（2）基地宿舍房间内严禁抽烟、禁止酗酒。
（3）宿舍房间内严禁私自接电线，禁止私自携带并使用大功率电器。
（4）负责宿舍安全巡查的人员，工作日严禁饮酒，不得带病工作。
（5）负责宿舍安全巡查的人员，要及时做好检查记录。
（6）因疏忽大意或故意而违反安全管理制度，造成不良后果的，承担相应的经济赔偿责任或承担相应的法律责任。

4. 基地交通安全管理小组

（1）设立目的
为劳动教育实践基地的外部交通服务和内部交通服务提供安全保障。

（2）组织机构
基地交通安全管理小组设组长一名，组长同时为基地安全管理领导决策小组的成员。组员人数视劳动教育实践基地的规模而定，一般至少配备两名组员。

（3）小组职责
①参与建立健全基地交通安全管理制度。
②完善有关配套设施、更新设施、维护设备设施。

③建立机动车辆定期安全性评价检查制度，找出问题隐患，提出整改措施。

④做好车辆的日常维护和保养工作，使车辆经常保持良好的技术状态，确保行车安全。

⑤宣传相关安全知识、张贴警示标志。

⑥加强安全考核力度和教育培训，做到安全与经济挂钩。奖励安全标兵，对违章操作的个人，视情节情况给予经济处罚、严重警告或辞退等处分。

×劳动教育实践基地交通安全管理制度

为了加强基地交通管理、防止交通事故发生，特制定本制度。

（1）适用范围：所有进入本基地的机动车辆和基地内部的机动车辆。

（2）基地交通安全管理小组负责对所有进入本基地的机动车辆和基地内部的机动车辆行使管理职责。

（3）机动车辆驾驶员和职工必须严格遵守国家交通法规。

（4）驾驶员应精力集中，严禁违章作业，行车进入禁火区内严禁吸烟。

（5）公司内行车速度不大于10千米/小时，车辆应在中心道上行驶。

（6）严禁在道口、交叉路口、消防通道处任意停留车辆。

（7）基地行车道路上不准堆放物件，随时保持畅通。

（8）基地的一切交通标志和安全设施，任何人不得损坏或搬动。

（9）机动车辆的禁令：①严禁无证开车和无令（调度令）开车；②严禁酒后开车；③严禁超速开车；④严禁空挡溜车；⑤严禁设备超负荷运行；⑥严禁人货混载行车；⑦严禁超标（超高、超长、超重）装载行车。

（10）凡发生交通事故，应保留现场，对负伤人员及时抢救，并立即报告主管部门前往调查处理。

附则：

本制度从印发之日起执行。本制度未尽事宜按国家有关标准、规范、法规执行。本制度由基地交通安全管理小组负责解释。

5. 基地人员安全培训小组

（1）设立目的

对劳动教育实践基地的劳动实践指导师、基地服务人员、学校教师、学生、陪同学生参与劳动实践的家长进行安全教育与安全培训，提高基地人员安全防范意识、安全自救水平，加深安全理论知识素养与安全救援互助实践能力，提高劳动实践教育过程中的安全性。

（2）组织机构

基地人员安全培训小组设组长一名，组长同时为基地安全管理领导决策小组的成员。组员人数视劳动教育实践基地的规模而定，一般至少配备两名组员。

（3）小组职责

①负责基地的有关人员的安全知识培训。

②负责指导基地的有关人员的安全应急演练。

③负责开发基地的有关人员的安全培训课程。

④负责制订基地的有关人员的安全培训计划。

⑤负责考核基地的有关人员的安全培训情况。

⑥负责总结基地的有关人员的安全培训成果。

 典型案例

× 劳动教育实践基地人员安全培训制度

为了加强对劳动教育实践基地员工的安全教育的考核和管理，提高基地员工的安全思想意识，牢固树立"安全第一，预防为主"的安全思想，遵章守纪，掌握必要的安全知识，增强安全防范能力和应急处置能力，特制定本制度。

（1）基地人员安全培训小组应于每年1月根据国家、地方及行业规定和岗位需要，制订基地人员安全教育培训计划，并及时开展安全培训。

（2）基地人员安全培训小组应及时对安全培训教育活动进行记录，并根据开展情况进行总结与改进。

（3）基地各部门负责人和应急管理小组全体成员每年培训时间不得少

于 48 学时。

（4）每年对基地各部门和应急管理小组全体成员至少进行 1 次安全考核与应急演练。

（5）对来基地参观、学习的人员应由基地人员安全培训小组负责进行有关安全教育与安全培训。

（6）将基地员工的安全教育培训成绩与个人绩效挂钩，对表现优异的员工进行奖励，连续两年安全教育培训考核成绩为差的员工，不得担任部门负责人或基地日常安全管理小组成员。

6. 基地环境安全管理小组

（1）设立目的

负责对劳动教育实践基地的地理环境、地质情况等变化做长期监测，对自然天气变化、水文变化情况等做常态化关注与分析，对其他影响基地环境安全的可统计、可收集、可梳理的因素做综合分析，以作为劳动教育实践活动开展的安全性参考。

（2）组织机构

基地环境安全管理小组设组长一名，组长同时为基地安全管理领导决策小组的成员。组员人数视劳动教育实践基地的规模而定，一般至少配备两名组员。

（3）小组职责

①负责对劳动教育实践基地的地理环境做长期监测，附近是否建设有危险化学品的生产、运输、贮存厂，是否建设有重污染企业，是否建设有新的交通干线，是否建设水库，是否有新建设核电站等。

②负责对基地附近的地质情况做长期监测，监测附近地区历史上发生过的所有地质类自然灾害，如地震、滑坡、泥石流等灾害的发生规模与频率等。

③负责对基地附近的天气状况进行日常化监测。

④负责对基地日常劳动教育实践活动、交通、住宿安全的管理做有关天气等方面的安全提示。

 典型案例

× 劳动教育实践基地环境安全管理制度

为了对基地日常劳动教育实践活动、住宿管理、交通出行等方面做出有关天气的安全提示与建议,规范基地环境安全管理和监测,特制定本制度。

(1)基地环境安全管理小组应做到每日对未来天气情况进行监测与分析。

(2)基地环境安全管理小组依据天气预报对基地的日常劳动教育实践活动做出指导与建议。

(3)基地环境安全管理小组依据天气预报对基地的住宿安全管理做出指导与建议。

(4)基地环境安全管理小组依据天气预报对基地的交通安全管理做出指导与建议。

(5)基地环境安全管理小组依据天气状况,推测可能导致的环境风险(如泥石流、洪水等),并密切与应急响应小组的联系,做到突发事件的预防与紧急联动。

(6)基地环境安全管理小组因工作疏忽或故意导致不良后果的发生,应承担相应的责任。

7. 基地网络安全管理小组

(1)设立目的

为了维护劳动教育实践基地的网络通信安全、信息存储安全、机房设备设施安全等,对基地网络安全进行常态化日常管理和应急处置。

(2)组织机构

基地网络安全管理小组设组长一名,组长同时为基地安全管理领导决策小组的成员。组员人数视劳动教育实践基地的规模而定,一般至少配备两名组员。

（3）小组职责

①参与建立健全基地网络安全管理制度。

②完善有关配套设施，更新硬件、软件设施，维护相关设备设施。

③学习与更新网络安全知识。

④宣传网络安全知识。

⑤对基地网络安全进行监督与防范。

⑥深入进行网络安全检查。

典型案例

× 劳动教育实践基地网络安全管理制度

为加强基地网络安全工作，保护公共财产和维护信息安全，把网络安全工作纳入基地的日常管理工作之中，现特制定以下网络安全制度。

（1）基地网络安全管理小组的所有成员，在入职后要签订保密协议，控制泄密风险。

（2）负责网络安全管理的员工在岗位调动后，必须严格办理交接手续，变更相关信息系统的访问权限。

（3）员工离职，必须办理严格的离职手续，相关负责人必须确认办理离职的工作人员已归还管理和使用的所有资产及撤销各信息系统的访问权限。

（4）严禁使用客户的数据从事与工作无关的活动，工作中未经客户同意不得随意使用客户数据。

（5）严禁泄露或随意转移客户网络上的数据，如客户的录像视频、语音、文字等。

（6）现场应定期进行各系统数据安全备份。

（7）对机房用电等进行检查，如发现安全隐患，要及时进行整改、维护，确保安全。

（8）机房内文件应及时归档储存，不可随意放置。

（9）机房内严禁使用明火，对消防设施不得随意挪动或损坏。

（10）因违反基地网络安全规定而造成不良后果者，应追究其法律责任。

（11）一旦发生网络舆情，坚持疏堵结合、以疏为主原则，通过在网络上跟帖、发帖，使用网友最容易接受的形式和话语引领网络热点，并着力把握网络舆情的话语权；在必要时邀请有关领导、新闻记者撰写点评性文字，用权威、专业的内容赢得广大网友的信赖，化解危机。

任务回顾

结合自己单位工作实际，谈谈安全管理机构各职能部门有哪些职责。

任务三　制定安全应急预案

任务导入

按对象范围划分，劳动教育实践基地的安全应急预案可分为：综合性预案、专项预案、现场预案。

综合性预案：是组织应对各类突发事件的综合性方案。

专项预案：是综合性预案的组成部分，是针对具体突发事件类别而制定的。

现场预案：直接针对特定的具体场所。

应急预案的编制原则需符合针对性原则、科学性原则、可操作性原则、完整性原则、合规性原则、可读性原则等。

请思考：

（1）如何区分综合性预案、专项预案、现场预案？

（2）应急预案的编制原则有哪些？

任务实施

安全应急预案是针对劳动教育实践过程中及在基地的住宿、饮食中和往返劳动教育实践基地的过程中可能发生的突发性安全事件，而预先制订的处置计划。

一、安全应急预案的制定目的

劳动实践教育基地的应急预案需要从劳动教育实践基地的实际考虑，把潜在和客观的危险因素考虑全面，将应对措施具体化。通过明确事故前、事故中、事故后的各个过程中各项措施谁来做、何时做、怎样做等问题，提高事故处置能力和应对能力，最大限度地降低甚至消除事故的危害程度和影响。

二、安全应急预案的编制原则

1. 针对性原则
针对不同危险环境下的处置措施是不完全相同的，所以应急预案应具有针对性，相关措施的采取需要结合可能发生的危险去编制。

2. 科学性原则
应急预案的编制需要专家和实施措施的领导共同参与论证，只有将实际情况与科学的理论相结合，制定出的决策程序与处置方案才更具有科学性。

3. 可操作性原则
根据应急预案，在事故发生后，应急组织和相关人员可以按照应急预案有条不紊地迅速依照不同职责开展应急救援。

4. 完整性原则
①功能完整：应急预案中应说明有关职能部门和相关人员应履行的应急准备、应急响应和事后恢复职能。
②应急过程完整：应急过程应具备预防、准备、响应、恢复四个阶段。
③适用范围完整：应急预案的适用范围应针对不同的事故类型进行扩展。

5. 合规性原则
应急预案的内容应符合国家宪法、法律法规和有关标准规范的要求。

6. 可读性原则
①便于查询。

②语言简洁易懂。

③逻辑清晰、组织严密、结构完善。

三、安全应急预案的主要内容

一般情况下，一份完整的基地应急预案的主要内容包括以下几个方面：

（1）基地应急预案坚持的原则、理念和目的。

（2）基地应急预案组织领导机构及其责任人、领导和成员电话。

（3）应急响应过程与应急处理程序。

（4）事故后期善后处理工作。

（5）事故情况总结上报规定。

（6）网络舆情处置汇报规定。

四、制定突发事件的应急处置措施

（一）自然灾害类事件的应急处置

1. 洪水灾害的应对措施

（1）如果发现洪水已经阻拦了汽车逃生的路线，或发现已被洪水包围，要尽快与当地政府防汛部门取得联系，及时准确地报告自己方位的险情。

（2）洪水到来时，来不及转移的师生，就近迅速向高地、楼房、山坡等地转移，同时要避开电线杆、铁塔和泥坯房，做好保温工作，等待救援。

（3）如果洪水继续上涨，需要转移避难的地方，要充分利用准备好的器材逃生，或者迅速找一些门板、木床、大块塑料板或泡沫等能漂浮的材料扎成筏逃生。

（4）如果已经被卷入洪水中，一定要尽可能抓住固定的或能漂浮的东西，等待救援或寻求机会逃生。

2. 泥石流灾害的应对措施

（1）一定要设法转移到开阔地带，不能在房屋内停留。

（2）转移要迅速，避免携带过多救援物资。

（3）避免沿着低洼地方或河流地方转移和停留。

3.地震突发事件的应对措施

（1）如果正处在开阔的地方，可保持原地不动，就地下蹲，护住头部，听从救援人员的指挥或教师安排。

（2）如果正处在宿舍内，需要尽快转移到室内卫生间的承重墙角处下蹲、护头躲避。

（3）如果正处于室内，可迅速躲到各自的课桌底下，等强震过后，再有序疏散。

（4）如果正处于楼道内或过道内，应避免使用电梯逃生。

（5）如果正处于电梯内，应将全部楼层按下，待电梯门开启后，迅速逃离；如果被困在电梯内，应及时通过电梯专用电话寻求救助，安心等待救援，不可盲目砸撞电梯。

（6）地震逃生时，应避免携带重物，携带物品应保持在最低限度。

4.冰雪天气的应对

（1）如在室外突遇暴风雪围困，首先，尽快拨打求救电话；其次，躲在背风处，减少短时间内的体温流失。

（2）避免躲在有坍塌危险的老旧厂房或临时搭建物内，规避房屋坍塌伤人危险的发生。

（3）司机应及时安装防滑链，避免紧急刹车。

（4）出现交通事故或汽车抛锚后，应及时在现场后方安放警示标志，以防发生连环事故。

（二）事故灾难类事件的应急处置

1.火灾事件的应对措施

（1）发现较小型火灾而旁边又没有易燃易爆物品时，在寻求救援后，基地消防安全小组成员或其他基地人员可以利用室内或附近范围的消防器材尝试灭火，其他学生需要在实践指导师和教师的引领下紧急有序撤离。

（2）从室内撤离时，需要保持冷静，避免喧哗与冲动乱跑。

（3）避免大声呼喊与喧闹，防止有毒烟雾进入呼吸道。

（4）逃生时可用湿毛巾或者湿衣服捂住口鼻，背向烟火方向撤离。

（5）逃生时应及时关闭有火源的房门，通过走步行楼梯下楼逃生。

（6）如果下楼的步行楼梯已被烟火封堵，可向楼顶转移或躲到可燃物较少、离火灾最远的房间进行躲避。

2. 交通事故的应对措施

（1）发生轻微事故时，车辆尽快靠路边停下，做好学生的安抚工作，等待警察进行事故处理。

（2）发生严重事故时，组织全部人员迅速撤离事故车辆。如果车门变形，可用破窗锤紧急破窗，必要时，可舍弃所有笨重的行李物品。

（3）如果在高速公路上发生事故或者故障，应及时在车辆后方150米外设置警示标志，同时将车内其他人员转移至应急车道护栏外，同时迅速报警，等待救援。

保护好事故现场，方便警察的调查取证工作。

（4）所有交通事故发生后，司机和随行负责人员都应第一时间向基地和组织方及时报告事故情况，以便基地和组织方尽快调度救援车辆等，方便最迅速有效的处置。

3. 踩踏事故的应对措施

（1）发现自己被挤入人群中后，不要在人流中停下，更不要逆着人流行进。

（2）发现在人群中异常拥挤时，可左手握拳抵于胸前，右手紧握左手手腕，在胸前形成一定空间，防止自己被过度挤压。

（3）在被人流裹挟前进时，若身边有电线杆、路灯等坚固可抓附物，可迅速抓住，待人群过去后，迅速离开现场。

（4）如果被人踩掉鞋子，不可弯腰找鞋或穿鞋，避免在低重心的姿势下被推倒。

（5）如果发现被裹挟进拥挤的人群中时，可紧急拨打救援电话。

（6）若被推倒，要设法靠近墙壁，面向墙壁，身体蜷缩，双手在后颈处扣紧，保护脆弱部位。

4. 中毒事故的应对措施

（1）中毒事故发生后，在确定中毒的类型和事故严重程度后，必须第一时间拨通救援电话和向上级主管部门报告。

（2）如果是吸入毒物引起的中毒，施救人员不要贸然进入中毒现场。在中毒现场被专业人员做出危险评估后，施救人员才能进入施救现场。在急性中毒现场，施救人员必须具备专业防护知识和逃生技能，并配备防护设备才能进入施救现场开展现场救援工作；施救过程中，首先需要

帮助吸入毒物的中毒者迅速脱离中毒环境，如一氧化碳中毒者需要立即脱离存在一氧化碳高浓度的封闭环境，施救人员可以立即打开门窗，通风换气。

（3）如果是通过皮肤接触毒物导致的中毒，在施救过程中，施救人员需要脱去中毒人员的衣物并用大量清水反复冲洗中毒者的皮肤，在接触了腐蚀性毒物的情况下，冲洗时间不得少于15分钟。

（4）如果是由于消化道摄入毒物引起的中毒，在施救过程中需要加速毒物的排出和减少对毒物的吸收。毒物在中毒者的身体内存留时间越长，对患者的身体伤害就越大，发现饮食中毒后，要对神志清醒的中毒者进行催吐。紧急情况下，可以一边催吐一边紧急送往医院进行专业的抢救。

（5）对于急性中毒患者，抢救的时间是非常宝贵的。因此，在自己熟练掌握驾车技术的前提下，迅速驾车前往已沟通好的目的地医院。

（三）疾病类突发事件的应急处置

1. 高烧的应对措施

（1）物理降温。把冰袋、湿毛巾或发烧冷敷贴置于病人的前额、颈部、腋下和大腿处进行冷敷降温。也可用温水或低度饮用白酒对患者身体进行擦拭。

（2）药物降温。腋下体温如果超过38.5℃，可以服用发烧专用药物进行药物降温。注意，在服用解热药物后，病人会出大量汗进行排热，此时也应注意保暖，避免二次受寒。

2. 低血糖的应对措施

出现眩晕、身体颤抖、身体无力等中轻度低血糖症状的学生，可以尽快饮用葡萄糖水、果汁、含糖饮料等快速补充血糖，也可以吃糖果或者面包、饼干等进行体能补充。同时要注意静坐或躺卧，避免再剧烈活动。对于出现严重眩晕甚至昏迷的低血糖病人，应在其口唇内涂抹蜂蜜或果酱，进行缓解，同时尽快拨打120急救电话。

（四）一般损伤类事件的应急处置

1. 机械损伤突发事件的应对措施

机械损伤的主要类型有切割伤、刺伤、跌伤、砸伤、挤压伤等，主要特点为机械损伤多为迅发型伤害且危害情况复杂多样、危害程度较高，后果往往非常严重。如果现场救援和处置及时且正确，不仅可以降低事故的严重程度，还能减轻伤者的痛苦，并争取更多抢救时间。

（1）发生机械伤害事故后，现场施救人员要保持冷静，迅速对受伤人员进行伤情检查。首先，检查神智、呼吸、脉搏、心跳情况；其次，观察伤者有无创伤、出血、骨折、畸形等变化，根据伤者的情况，有针对性地采取人工呼吸、止血、包扎、固定等临时性急救措施。

（2）发生伤害事故后，现场人员在初步判断情况后应迅速拨打急救电话。拨打急救电话时，应注意以下几点：①讲明事故发生地点、联系方式。②简要说明伤员情况、症状等，并询问在救护车来到之前的处置措施。③如果救援车辆不能及时到达现场，现场人员可以驾车将伤员紧急送往事先沟通好的医院急诊室。

（3）救援时，遵循"先救命，后救肢"的原则，优先处理颅脑、胸部损伤及肝、脾破裂等危及生命的内脏伤，然后处理肢体出血、骨折等伤。

（4）如果伤者昏迷，要及时检查伤者的呼吸道是否被血液、呕吐物、舌头或分泌物等其他异物堵塞，不要轻易拍击伤者强迫其清醒。

（5）如果伤者已呼吸停止，立即实施人工呼吸。

（6）如果脉搏不存在，心脏停止跳动，应立即进行心肺复苏。

（7）如有呕吐，同时颈部未有骨折时，可以让伤者侧向一边防止呕吐物呛入气管。

（8）对于颈部骨折的伤员，应在救援医生的指导下，对伤者进行搬运。

2. 动物咬伤类突发事件的应对措施

（1）被昆虫叮咬的应对措施

①尽量克制，不要抓挠皮肤，防止皮肤溃破导致伤害加重或感染。

②可以局部涂抹肥皂水或小苏打水中和蚊虫的酸性毒素。

③可以选择清凉油、风油精、花露水、炉甘石洗剂等擦洗叮咬处止痒。

④如果引发过敏性皮炎，应口服抗组胺药物，必要时去医院就诊。

（2）被蛇咬的应对措施

①被蛇咬后，尽量减少运动，避免血液循环加速。如果有条件，最好对蛇进行拍照，方便后续医生的诊治。

②做好早期绑扎处理，绑扎的位置是在超过伤口上方的一个关节处进行绑扎，如小腿处被咬伤了，应在膝盖下方进行绑扎。绑扎材质的最优选择是有松紧的止血带，然后是布条。绑扎的限度应以可以阻碍静脉血的回流并不阻碍动脉血的回流为最佳，如果不掌握方法，可以每隔20分钟对扎带部位进行一次时常1分钟左右的放松。

③冲洗咬伤伤口，可以用纯净水、矿泉水、双氧水溶液、生理盐水等具有杀菌或清洁作用的水对伤口进行反复冲洗，如果实在没有清洁水源，也可用尿液冲洗，注意禁止用酒精冲洗伤口，同时在冲洗过程中可以从伤口近心端向伤口方向进行挤压。

④扩创排毒，如果伤口处有蛇的毒牙遗留，应尽快将其取出。为加快毒血的排出，可以咬伤处为中心，进行纵向切口或十字切口，切口的长度以不超过3厘米为宜，深度以不伤害肌膜为宜。

3. 化学性损伤突发事件的应对措施

（1）烧烫伤的应对措施

①用流动的自来水冲洗伤处保持数十分钟，但不能用冰冻的毛巾冷敷烫伤处，避免与皮肤粘连。

②烫伤处和烧伤处如有衣服覆盖，应首先用冷水浇在衣物上进行初步降温，然后小心脱去或剪去衣物，不可强行脱去与皮肤粘连的衣物。

③持续将烧烫伤处浸泡于冷水中至少保持30分钟，可减轻疼痛。

④如果烫伤面上出现水泡，不能自己弄破水泡，以免感染；如果水泡较大或已破损，需要立即送医就诊。

（2）冻伤的应对措施

①如果核心体温低于35℃，应立即呼叫救护车。

②缓慢复温，将冻伤的手脚浸入37℃~42℃的温水中浸泡10~30分钟。切记不要用明火、过热的水瓶、烤灯等方式烘烤冻伤处，以免造成烧烫伤。

③如果冻伤的肢体末端颜色发黑或出现水泡，应紧急送医。

任务回顾

（1）请结合自己所在单位实际，制定一份2000字左右的基地应急预案。

（2）请用自己的语言叙述两件突发事件的应急处置措施。

任务四　购买基地责任保险

任务导入

老李经营一家劳动实践教育基地，并给基地投保了场地责任险。基地一座木桥坏了，导致经过该桥的学生小刘右胳膊骨折。小刘花费治疗费用1万元，老李投保的这款场地责任险有免赔额100元，其余按100%赔付。保险公司经核实符合保险责任范围，做出以下赔付：（10000-100）×100%=9900（元），余下100元由老李公司承担。

请思考：

劳动教育实践基地购买基地责任保险，有什么好处？需要注意什么？

任务实施

一、劳动教育实践基地责任险的种类

劳动教育实践基地应选择针对劳动教育实践基地开发的专属保险产品，但是，目前保险公司关于劳动教育实践基地的专属保险还不够成熟。保险企业现有保险产品中适用于劳动教育实践基地的相关保险有以下几种。

（一）场地责任险

1. 场地责任险的定义

场地责任险承保固定场所的意外事故，比如场地缺乏安全性或者管理不善；场地设备摆放不当砸伤场地中的人、地面过滑导致的摔伤等。学生、家长、教师都在承保范围内。

2. 赔偿的前提

（1）场地方或者场地的经营者有明确的经营不善的行为。

（2）不保主动的、不当的个人行为导致的意外事故。

3. 注意事项

（1）关注是否有医疗保额。如果没有医疗保额，就不能赔偿医疗费。有的场地责任险没有医疗保额，只能有伤残或者死亡赔偿金。

（2）关注责任免除中是否包含比赛。有的场地险会把专业赛事、业余赛事都列为责任免除，这有可能导致购买此项保险服务的单位所担心的高风险活动不能保。

（3）关注承保场馆类型。场地责任险一般对承保的场地有着严格的限制和要求。比如为篮球馆投保了，就不能为足球馆中发生的意外伤害进行理赔。有这样一个案例，某小学生前往某体育场馆内的足球馆踢足球，恰巧遇到足球馆修缮维护，暂不对外开放，但是该学生看到工作人员没在现场，就仍然偷偷进入足球场踢足球，结果意外摔伤，导致腕骨骨裂。但是，该体育场馆的老板因只对篮球场进行了投保，因此无法得到保险公司的赔付，只能自行承担损失。

（二）组织者责任险

1. 组织者责任险的定义

组织者责任险是一种为投保的组织者承担相应赔偿责任的保险。企事业单位、社会团体、个体工商户、其他精简组织及自然人在组织活动过程中，因疏忽或过失造成第三者人身伤亡或财产损失，需要组织者承担经济赔偿责任，投保了组织者责任险，则保险公司会按照保险合同约定负责赔偿。

2. 赔偿的范围

事故发生不限制固定场地，外出活动期间发生的意外事故也在保障范围内。主要是承保日常组织的基地内外的教学活动和劳动过程中因疏忽或者过失造成的人身伤亡或者财产损失。例如，学生在课堂上因劳动受伤、学生在卫生间摔倒等。

3. 注意事项

（1）关注雇员是否也能享有同样的保额，是否附加"雇主责任保险"。

（2）关注责任免除内的机构类型，组织者责任险对业务类型通常有严格的要求，如马术、拳击类的培训服务的保费通常较高。在购买组织者责任险时，一定要问清楚，自己主营的业务适合购买哪种类型的产品。

（3）关注参加劳动的学生和家长及兼职的职工是否在承保范围内。

典型案例

李老板经营一家马场，在一次骑行课的教学中，马匹发狂将骑行者甩下并砸伤了围观的其他学生，由于该老板为马场购买了不记名的组织者责任险，该次意外事故的赔付，由保险公司按之前签订的协议合同承担。

（三）少儿培训专属意外险

1. 少儿培训专属意外险的定义

承保未成年人遭受意外伤害而造成的死亡、残疾、医疗费用。

2. 承保要求

不承保所有故意行为，如不听教师劝阻和警告，执意攀爬高处导致摔倒。

3. 注意事项

（1）需要关注有无医疗保额。

和场地责任险一样，如果没有医疗保额，是拿不到医疗赔偿金的，除非孩子残疾或者死亡，否则拿不到任何赔偿金。

（2）需要关注伤残比例是否过低。

例如，60万元的保额，十级伤残的赔偿限额比例是1%的话，只能得到6000元的赔偿。

二、劳动教育实践基地保险的投保和购买方式

（一）投保前提要求

劳动教育实践基地的投保人在征得被保险人或被保险人监护人的同意后，投保人统计并向保险公司提交投保人、被保险人、被保险人的监护人的相关信息。

（二）保险的购买方式

（1）劳动教育实践基地相关人员可到专业保险公司销售柜台购买：填写保单—支付保费—出具保险合同—保险生效。

（2）劳动教育实践基地相关人员可通过在线保险网站购买：网上填写保单—支付保费—出具电子保险合同—保险生效。

（3）通过有资质的代理机构或个人保险代理购买：提供投保信息—支付保费—打印保险合同—保险生效。

三、劳动教育实践基地责任保险的理赔

劳动教育实践基地保险理赔流程：

（1）发生意外伤害后，劳动教育实践基地有关负责人员应第一时间拨打保险公司客户服务电话告知保险公司，并拨打救助电话。

（2）如需住院，需在保险公司规定、认可的二级及以上的医院进行就诊和住院。

（3）被保险人需要将保险单、医院检查结果、住院通知等相关证明材料交给保险公司，保险公司会对材料进行审核，一般情况下，会在30个工作日内做出结案通知。

（4）被保险人携带合同原件、身份证件原件和银行卡、门诊病历、住院病历、医疗费发票原件、费用清单/社保报销凭证、结算证明、意外事故证明、出院小结、公司认为必要的其他文件，去保险公司办理理赔手续。

任务回顾

（1）劳动教育实践基地购买保险，应该着重注意哪些事项？

（2）结合劳动教育实践基地实际，谈谈基地保险理赔流程。

项目实训

请结合实际为你自己所在的单位起草一份劳动安全保障实施方案。

项目十
强化劳动教育实践基地保障服务

▌项目导读 ▌

　　本项目是确保劳动教育实践基地正常运营的关键内容之一，主要内容包括建立组织协调机制、建立人才保障机制、健全学生权益保障机制和健全经费保障机制四项任务。第一项任务介绍了内部组织管理、对外联络协调及相关机构团体；第二项任务分别阐述了人才引进机制、人才激励机制和人才约束机制的重要意义及方式、方法；第三项任务介绍了学生权益保障相关事项；第四项任务则从经费保障机制建设方面进行了探讨。

呼和浩特伊利集团伊利健康谷劳动教育实践基地　　供图：由杰

学习目标

通过本项目的学习，能够熟悉组织协调、人才保障、学生权益保护和经费保障的相关制度及采取的措施，基本掌握强化基地保障服务的重要内容。

思维导图

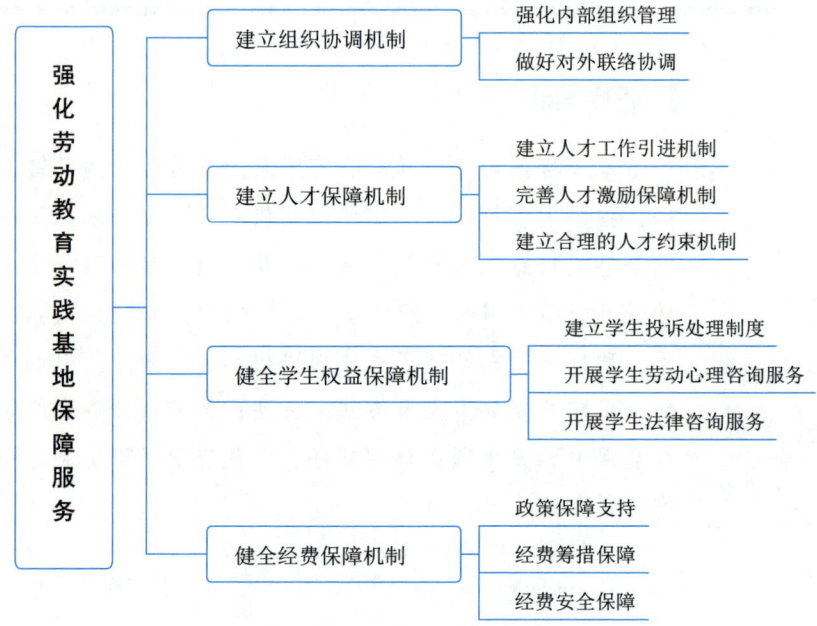

项目十 强化劳动教育实践基地保障服务

任务一 建立组织协调机制

任务导入

刚刚从"双一流"名校毕业的李明顺利签约一家劳动教育实践基地,在CEO岗位上,他意气风发,准备在工作中一展才华。然而,最近令他苦恼的是,基地虽然各部门齐全,但是基地部门之间、基地对外沟通协调不是太顺畅,以致几件事情都没有处理好,他本人的管理能力也被大家质疑。那么,如何帮李明应对这种现象,尽快进入状态呢?

请思考:
(1)建立完善组织协调机制包括哪几个方面内容?
(2)对外沟通联络方式有哪些?

任务实施

建立健全组织协调机制首先需要达到组织内部均衡,而要做到组织各要素的均衡联系,合作意愿、共同目标、沟通与交流缺一不可。

一、强化内部组织管理

内部管理制度是各类组织机构(企业)管理现代化的必然产物,它贯穿于组织管理运行活动的各个方面。一套健全的内部管理制度不仅可以增强各级机构的管理力度,同时,也能帮助提高其运营管理水平,提高经济效益,以达到"增收节支,事半功倍"的效果。加强劳动教育实践基地内部组织管理,建立并严格执行内部管理制度,不仅有利于劳动教育实践基地的资源合理配置,更有利于保护财产物资的安全完整。实现劳动教育实践基地管理创新,使传统的管理模式向现代化管理过渡,是建立现代管理制度的内在要求。

（一）加强领导，强化综合协调

强化劳动教育实践基地综合协调服务能力，就要从基地组织机构、人员、经费上给予保证，增强各部门协调配合的意识。要强化领导，各部门必须树立工作"一盘棋"思想，建立基地部门之间协调配合制度，以便加强互相之间的协调，形成工作合力。

（二）健全机构，注重分工合作

劳动教育实践基地的组织机构是根据一定的组织原理和工作需要建立起来的。一般会设置总经理室、综合办公室、教学研究部、对外联络部、项目开发部、后勤保障部、发展规划部等部门。在总经理室的统一协调下，各部门分工合作，完成各项管理事务。要注重部门间的联系与沟通，部门在处理问题时，如涉及其他部门职责范围内的事项，由主管领导牵头，主动征求有关部门的意见，认真协商，积极配合。同时成立职代会（工会）和基地管理委员会，共同决定重大事务。

（三）健全制度，明确任务目标

要始终坚持以制度管人而不是以人管人，这样才能增强管理效果。劳动教育实践基地规章制度是基地日常工作的基本规范，一般应包括：教学管理制度、指导教师工作规范、基地服务工作规范、绩效考核管理办法、学生食宿管理制度、财产管理制度、后勤保障制度、安全应急预案等。依照部门职责，明确部门内部人员的职责分工和任务目标，各司其职、各负其责，采用层级管理，才能做到更加细致有成效。

二、做好对外联络协调

劳动教育实践基地并非独立存在，它需要与政府各部门、学校、学生家长及供应商、经销商、竞争对手、金融机构等部门进行沟通交流，因此，进行外部联络是十分重要的协调工作。除了正常的业务交流外，还可以通过以下方式来加强基地对外沟通，以获得社会各界的大力支持。

（一）成立劳动教育联盟

《关于全面加强新时代大中小学劳动教育的意见》中明确指出，开展劳动教育需要以实践活动和课程为载体，区域内劳动课程发展质量和内容的完善，必须以互帮互助、共建共享为基础。成立劳动教育联盟就是为了调动各方力量，深入挖掘新时期劳动教育内容，课程化、体系化开发劳动实践活动，打造高质量的劳动课程，保障其得以科学、有效的实施，培养学生树立新时代劳动核心价值观。

1. 重视劳动教育联盟的内部机制建设

一要明确劳动教育联盟的组织建构和运行机制，成立管理组和实践组。管理组负责定期开展劳动课程开发的研究；实践组负责收集并整理精品劳动课程、交流先进典型案例、打造课程资源平台。二要建立劳动教育联盟工作的保障机制，明确联盟中的组成部分、主要任务、工作目标、参与对象、研究问题与工作安排，以此推进劳动教育联盟工作的有序开展。

2. 注重提升劳动教育联盟应用研究

以课题研究为载体，根据劳动教育实践基地的具体情况开展基础理论教学和实施指导培训，不断完善基地劳动课程的实施。

3. 丰富劳动教育联盟的合作内容

不断优化劳动实践活动课程结构，将劳动实践活动纳入学生综合素质评价体系，把劳动教学的实施状况作为区域劳动教育的特色项目和教学督导的内容。

（二）成立劳动教育实践共同体

基地、家庭、学校和社会在劳动教育实践活动中各自担负着支持、导向和保障的功能。成立由家庭、学校、基地、企业、政府"五位一体"的劳动教育实践共同体，能够妥善解决人力、财力等各种困难，在基本建设投入、基地运营保障上构建全新的保障机制。

典型案例

XX劳动教育共同体组织结构示意图

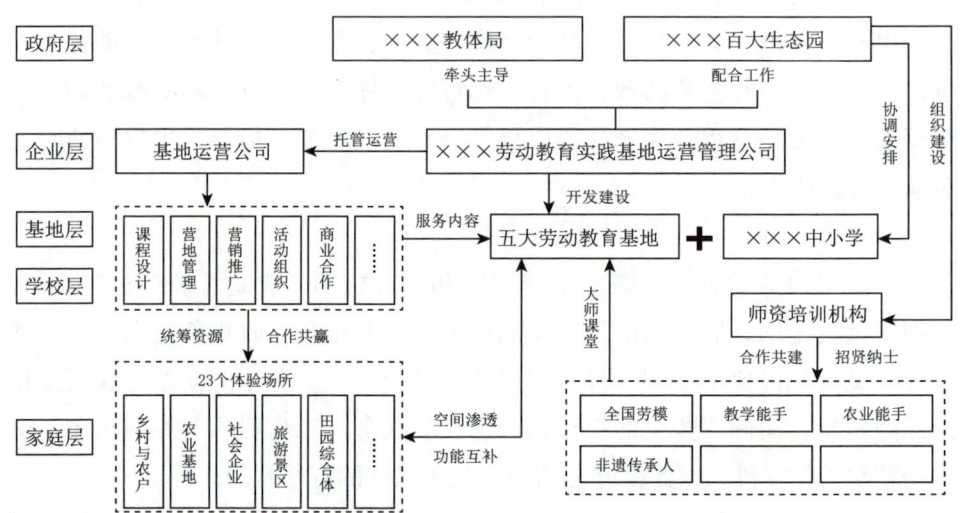

（三）挂靠相关机构团体

劳动教育实践基地开展劳动教育实践活动少不了与政府各部门、社会各界打交道。为了最大限度地获取支持，劳动教育实践基地可以积极争取挂靠到相关机构（团体）名下，在其指导、支持下开展工作。例如，挂靠到某某省教育学会劳动教育专业委员会、某某市劳动教育研究院，邀请相关单位热心公益事业的领导、专家做基地顾问等。

任务回顾

（1）基地加强内部管理的内容包括哪些？
（2）请结合基地未来发展谈一谈如何做好对外联络协调工作。

项目十　强化劳动教育实践基地保障服务

任务二　建立人才保障机制

任务导入

古人云:"千军易得,一将难求。"随着人才对企业的重要性不断上升,围绕人才的竞争愈演愈烈,某某劳动教育基地有限公司为留住人才采取了四项举措。

第一,学会"用人之道"。首先,平等相待,互相尊重,努力创造一种融洽、和谐的人际关系;其次,善于用人,用六分优点、四分缺点的眼光去观察人、判断人,用其所长,适才适所;最后,讲究工作作风和工作方法,严格的管理与热情的关怀构成相互依赖的上下级关系。

第二,建立健全各种规章制度。制度建设不完善,许多地方就会出现漏洞或失误,出了问题又无章可循、无法可依。应尽快立规矩成方圆,从管理中要效益。

第三,进行公司住房制度改革。分几步进行:第一步,可采取补贴提租的办法,使不需要公司住房的职员得到补偿;第二步,对现有住房制度进行改革,使现住公司宿舍的职员思想稳定;第三步,用房改资金和职员集资的办法建房(自建或合作),让年轻职员有"盼头",并可使今后公司住房问题得以良性循环。

第四,健全奖励分配机制。按不同岗位、不同行业、不同贡献实施符合公司实际的奖励办法,多劳多得、超额有奖,鞭策和调动职员的积极性。

请思考:

结合本案例,你认为基地怎样才能留住人才呢?

任务实施

如何选好人才、留住人才,是劳动教育实践基地得以发展壮大的根本。

建立一套完善的人才保障机制，能够很好地打破组织壁垒，极大地提高员工和基地的效率，实现效益的最大化。

一、建立人才工作引进机制

科学的体制机制决定了人才队伍的创造力与竞争力，完善的人才政策制度则有利于培育、留住人才。人才培养是各级劳动教育实践基地不断成长的基石和根本。必须确立以人为本的教育理念，注重人才引进，扎扎实实开展人才队伍建设工作。

（一）制定人才引进规划，避免盲目引进

人才引进的根本目的是为提升劳动教育实践基地管理水平，优化师资结构，提高科研力量，获取最大效益，推进可持续发展服务。所以，首先要从基地的发展目标、教学内容、科研任务等入手，实施科学合理的岗位设置；其次要对当前人才资源的总量、职业、年龄段、结构等状况加以分析，勾勒出最近数年的人才资源的变化趋势；最后要对有关人员的需求情况加以观察和研究分析，确定不同层次人员引进的困难程度及人员引进的有效途径等，并提出人员引进规划。

（二）严把人才引进关，避免华而不实

（1）要做到人才引进与劳动教育实践基地的定位和发展前景相适应。人才引进必须从基地的发展前景和综合水平考虑，立足实际，着重引进急需专业的、有利于基地发展的人员。

（2）按需引进。由劳动教育实践基地相关部门根据自身需要上报人才需求计划，人事部门在宏观调控与综合协调后，提出年度人才引进方案，提高人才引进管理工作的科学化和规范化，减少盲目引进而造成资源浪费。

（三）建立人才考核制度，健全人才培养机制

人员结构合理、后备力量强大是劳动教育实践基地能够不断发展壮大的最基本要求。所以，制定人才梯队培养规划是人力资源战略管理工作的主要

内容。规划可以分为管理型梯队人才培养和技术技能型梯队人才培养。针对人员的特性、专业开展有目的、有方向的培训,并制订清晰的梯队人员职业生涯发展计划,健全职业生涯发展通道,明确人才引进、储备、培养、考评等工作机制,健全人才资源管理体制和流程。提升人员自我提高的勇气和力量。同时基于平等公正开放的原则,指导人员通过努力获得职业发展机会。积极稳妥地推进改革,以保障劳动教育实践基地实现新飞跃。

(四)提供必要的物质保障,营造健康和谐的文化氛围

要实现"人才强基",优越的工作与生活环境、和谐的人际关系、健全的体制管理氛围,缺一不可。优越的工作条件和丰厚的福利待遇依然是决定人员流动方向的重要原因,是留住高素质人才的关键。要想吸引人才、留住人才,应在实验设备、科研经费、办公条件、过渡房安置等方面有足够大的投入,给引进人员提供必要的资金保障与物质基础。此外,优秀人才前来劳动教育实践基地工作不仅是因为物质待遇,更多的是为了自身价值的实现和精神上的尊严,所以基地在保障优厚物质待遇的同时,还应重视对高素质人才的尊重,给他们创造充分的发展空间,让其在和谐、宽松、平等的氛围中,充分地施展个人才华、发挥潜力。

二、完善人才激励保障机制

(一)物质刺激和精神激励相结合

物质奖励是各类劳动教育实践基地运用十分广泛的奖励方式。精神激励在一定程度上比物质奖励的作用大,精神上的奖励可以给人一种成就感,满足员工的内心需要。只有将二者结合起来才能真正激发全体职工的主观能动性。

××劳动教育实践基地按不同岗位、不同贡献分别设立了绩效奖励办法,员工多劳多得、超额贡献有奖。同时每年三八妇女节、五四青年节及年终等特殊节日,还会对评选出的优秀女员工、优秀青年、先进工作者进行表彰,增强了基地团队凝聚力,极大鞭策和调动了大家的工作积极性。

（二）注重个体差异，实行差别激励原则

影响员工工作积极性的因素有：工作性质、领导行为、个人发展、人际关系、报酬福利和工作环境等。不同的员工对这些因素的需求也不相同，要针对他们的爱好和兴趣，根据不同岗位、类别制定差别化的激励机制办法。

（三）建立合理的薪资制度

对员工来说，薪资不只是他们经济生活的依靠，也是他们身份的重要标志。所以，健全的薪资制度是维系劳动关系的基础，唯有做到公正、合理，才能取得良好的激励效应。

（四）营造良好的基地文化氛围，凝聚合力

劳动教育实践基地文化建设贯穿基地建设的全过程，一个拥有良好文化底蕴的工作环境能够给员工营造一种和谐、愉快的工作氛围，在这种氛围中人们往往会产生较大的工作热情。

（五）选择最恰当的方式留住人才

人才是事业发展的原动力，只有留住人才，才能保障劳动教育实践基地长远发展。归纳起来，留人机制主要有四大类型，即感情留人、文化留人、利益留人和事业留人。对不同层次的人才，采取的方式也应不同。比如，高层以事业留人为重，基层以利益留人见长，中层介于二者之间。而文化留人不可忽视，需要一步步去构建和沉淀。感情留人则是管理工作的基础，也同样不可或缺。

三、建立合理的人才约束机制

在建立人才激励机制的同时，还必须建立约束机制来强化人力资源管理。合理的人才约束机制一般分为内部约束和外部约束两个方面。

项目十　强化劳动教育实践基地保障服务

（一）内部约束

内部约束即劳动教育实践基地和人力资本之间的约束，当事人之间的约束。内部约束主要有以下几种：基地（公司）的章程约束、合同约束、偏好约束、机构约束、纪律约束等。

（二）外部约束

所谓外部约束，实际上就是社会约束，即社会对人力资本形成的一种约束。外部约束一般包括法律约束、道德约束、市场约束、社会团体约束、媒体约束等内容。

任务回顾

结合单位实际，谈谈怎样才能完善人才激励保障机制。

任务三　健全学生权益保障机制

任务导入

《法治日报》发布了一篇由记者韩宇所做的报道：2022年11月17日，辽宁省沈阳市中级人民法院少年及家事案件审判庭对一起猥亵儿童案件做出终审裁定，认定被告人孙某犯猥亵儿童罪，判处有期徒刑七年；同时，禁止被告人孙某从事密切接触未成年人的工作。

该案属于2022年11月11日《最高人民法院 最高人民检察院 教育部关于落实从业禁止制度的意见》颁布后，在辽宁省内首次对猥亵未成年学生的学校或培训教职人员，依法宣布终生不得参加密切接触未成年人的工作的刑事案件。

— 235 —

法院经审理认定，被告人孙某利用担任某校外培训机构教师的身份在上课时屡次故意对多位不满十四周岁的女性中小学生进行猥亵，并导致多位女学员出现中度抑郁症状和强烈抵触异性的现象，影响了其正常的学习、生活。孙某作为教育培训机构的老师，本应成为教书育人、遵纪守法的社会模范，然而他却以教育老师名义在较长时间内先后猥亵了多个儿童，其行为性质恶劣，对社会危害很大，不但辜负了孩子们及其家庭对老师的尊敬和信赖，还给被害人及其家庭带来心理创伤，法院依法对孙某予以从重处罚。

请思考：

（1）如何理解健全学生权益保障机制的意义。

（2）劳动教育实践基地保障学生权益的方式有哪些？

任务实施

保障学生权益对提升劳动教育实践基地安全水平和开展素质教育有着重大作用。维护学生权益已经不仅仅局限于传统意义上的衣食住行的问题，更多的是在学习、生活、心理、法律等方面对学生予以保障。所以，提高学生权益维护意识，加强学生权益保障，意义重大。

一、建立学生投诉处理制度

（一）建立学生投诉处理制度的意义

中小学生投诉制度是指中小学生在权益受到侵害时，通过向有关部门提出投诉，并请求适当处理的制度。通过建立中小学生维权投诉受理机构，切实维护学生的合法权益，具有非常重要的现实意义。

（1）是保障我国宪法赋予公民投诉权利在教育法律关系中的具体体现。

（2）是保护学生合法权益的要求。

（3）是确保依法从教、依法治教的要求。

（4）是完善社会主义法制建设的需要。

（二）学生投诉的范围和方式

1. 学生投诉的范围

（1）对基地做出的各项处罚不服，可申请投诉。

（2）基地或指导教师违反其人身安全权，如体罚或变相体罚、影响学生人身安全权益等，可进行申请。

（3）对基地或指导教师侵害学生权益，如非法乱收费、乱罚款、强制学生购置不需要的物资或其他非必要物资等，可进行申请。

（4）其他严重影响学生权益的情况。

2. 投诉方式

（1）到基地领导办公室、教师办公室等场所现场投诉。

（2）在基地、教学楼、办公楼、实验楼、食堂、宿舍等地设立学生投诉箱和投诉电话。

（3）在实践基地网站、微信公众号上设立"维权专栏"供学生在线留言，或设立维权电子邮箱，供学生随时投诉。

（4）向基地以外的管理部门投诉。

（三）学生投诉处理的流程

学生提出投诉时，应当向受理投诉的基地管理部门递交投诉申请书，并附上投诉内容及相关证据（见表10-1）。主要包括如下内容：

（1）投诉人的姓名、所在学校、班级、学号、联系电话及其他基本情况。

（2）投诉的事项、理由及要求。

（3）提出投诉的日期、投诉人的签名。

对学生提出的投诉，受理部门应当在接到投诉后，尽快进行处置，妥善解决学生诉求，及时改进并建立投诉信息档案，适时进行回访，做好善后事宜（见表10-2）。

表 10-1　投诉事件信息

投诉人		所在学校	
项目名称		实践基地	

续表

联系电话		邮箱	
被投诉部门及人员			
投诉事件描述			
投诉人要求			

表 10-2　学生投诉处理结果跟踪

部门初步处理意见	
基地分管领导意见	
最终处理结果	
投诉人反馈情况	

登记日期：　　　　　　　　　　　　　　　　存档编号：

二、开展学生劳动心理咨询服务

心理咨询是指运用心理学的方法，对在劳动教育活动过程中心理适应方面出现问题并企求解决问题的学生提供劳动心理援助。广义的心理咨询包括劳动心理咨询和劳动心理治疗，但有时候劳动心理健康检测、劳动心理健康测试等也被纳入劳动心理咨询的范畴。狭义的心理咨询局限于咨询各方采用见面、信函、网络和电话等方式，对来访学生进行劳动心理健康援助和咨询。

开展学生劳动心理咨询服务的具体流程如下。

（一）收集信息、建立良好的咨询关系

收集信息、建立良好的咨询关系的方法主要有填表法、观察法、谈话法、

调查法等。具体内容包含：

（1）来询者的基本信息。如姓名、性别、年龄、籍贯、住址、所在学校及班级等。

（2）前来咨询的主题及需求。包含心理及品行问题的具体表现、形成的时机、对劳动学业和日常生活的负面影响、期望获得何种援助等。

（3）来询者的家庭生活状况。如父母亲的姓名与职务、文化程度、信仰、性格、健康情况等。尤其要掌握家庭教育氛围与家庭关系的发展状况。

（4）来询者在校具体表现。如在校的学习情况、人际交往及参与团体活动时的具体表现等。

（5）成长经历。要了解来询者从出生到现在的基本情况，尤其是特定事件或经历更要仔细了解。

（6）身体发育情形及健康。如是否得过大的疾病，是否容易疲劳，是否容易生病，饮食与睡眠情况等。

（7）学生在劳动教育基地的表现。他们与同学、指导教师、教辅人员的关系，在劳动过程中是否受到劳动伤害、受到伤害的原因、经过和程度。

（二）分析诊断

（1）确定来询者是否适合做心理咨询。首先应分清其心理行为究竟是处于正常状态还是异常状态，其次确定来询者问题的种类、问题产生的表面因素和深层心理原因。

（2）更深入地弄清楚问题产生的根源和最深层心理原因。通过对掌握资料进行系统分析，形成整体认识，在此基础上找到问题的根本症结所在。

（三）确定咨询方案

在对来询学生的问题类型和严重程度进行初步诊断后，与来询者协商解决问题的先后顺序，并说明采取的心理技术手段和办法，双方商定心理咨询的时间、周期等问题。达成一致后即可进入心理咨询阶段，否则宣告终止。

（四）咨询与治疗

（1）确立咨询目标。

（2）选择咨询或治疗的方式、方法。
（3）实施咨询。

（五）结束咨询

（1）综合所有资料，做总结性解释。
（2）帮助求助学生举一反三，学习应用咨询获得的认识、经验，促其健康、茁壮成长。
（3）让来询者轻松、自然地完成询问。

当来询学生对自身有信心后，即可终止咨询服务；也可采用渐次减少会谈频次的方法，慢慢终止咨询服务。

（六）学生心理咨询服务结果跟踪

在完成心理疏导后，还应明确终止询问时间，隔一段时间，再和来询人进行短期谈话，追踪询问其适应状况等，记录在案（见表10-3）。

表10-3　学生劳动心理咨询服务跟踪记录表

学生姓名		年龄		班级	
心理辅导教师		咨询时间			
心理问题					
心理问题分析					
心理辅导内容					
服务效果					
备注					

项目十 强化劳动教育实践基地保障服务

三、开展学生法律咨询服务

（一）开展学生法律咨询服务的目的

劳动教育实践基地开展学生法律咨询服务的目的是：普及法律知识，提高学生法律意识，培养学生法治素质，使他们能够从容面对基地园区暴力、违法犯罪行为，提高自身维权意识、防范意识，增强学生的社会责任感和社会实践能力。

（二）建立学生法律咨询服务方案

设立"学生法律咨询室"，安排专人负责劳动教育、权益维护、侵权等方面的法律法规咨询工作。可分别从辖区派出所、检察院、交警大队、消防大队等单位选聘专业人士作为劳动教育实践基地法律顾问，并承担对师生提供普法知识的传播培训任务。构建法制论坛，设立"国家政策法律""心理驿站""成长博客"等功能模块，设立劳动教育实践基地学生咨询热线，及时了解学生的思想动态和服务方向，引导学生依法反映诉求和解决问题。

（三）学生法律咨询服务的具体流程

法律咨询工作主要采取现场咨询、电话咨询、网络咨询的形式开展。包括如下基本流程：

（1）登记询问人基本情况。

（2）听取询问人陈述。需要耐心弄清楚问题的来龙去脉，对重要事情和细节要做必要记录，听准问题的焦点、关键和实质。

（3）注意观察询问人的精神状态。

（4）审阅相关材料。注意询问人的陈述是否有根据，与其提交的其他资料有没有关系。

（5）有针对性地提出问题。合理的提问能够让叙事人员减少无谓和复杂的陈述，并阐述出问题的重点所在。

（6）总结研究。对了解到的上述情况进行研究，确定其具体问题实质，明确具体法律依据。

（7）提出解决问题的办法。

（四）学生法律咨询服务结果跟踪

对学生的法律咨询服务结果要进行跟踪，并记录在案（见表10-4）。

表10-4　学生法律咨询服务跟踪记录表

学生姓名		年龄		班级	
咨询教师		咨询时间			
所要咨询的问题					
咨询方案和建议					
咨询员自我综述与效果评估					
备注					

任务回顾

（1）如何更好地保护学生权益？

（2）一个完整的心理咨询方案应该包括哪几个方面的内容？

项目十　强化劳动教育实践基地保障服务

任务四　健全经费保障机制

任务导入

劳动教育实践基地是为大中小学生开展劳动教育提供的校外服务场所，为贯彻落实《中共中央 国务院关于全面加强新时代大中小学劳动教育的意见》，各级教育部门加大了劳动教育经费投入，不少地方安排专用经费支持劳动教育实践基地建设，有的地方通过与企业合作、拓宽融资渠道等方式支持劳动教育实践基地建设，同时对办得好的劳动教育实践基地予以奖励。

请思考：

你认为劳动教育实践基地经费保障来源有哪些？如何建立健全劳动教育实践基地经费保障机制？

任务实施

一、政策保障支持

2020 年 3 月 20 日，《中共中央 国务院关于全面加强新时代大中小学劳动教育的意见》正式发布，指出了劳动教育的重大意义。劳动教育是中国特色社会主义教育制度的重要内容，直接决定社会主义建设者和接班人的劳动精神面貌、劳动价值取向和劳动技能水平。文件强调，要大力拓展实践场所，满足各级各类学校多样化劳动实践需求；各地区要统筹中央补助资金和自有财力，多种形式筹措资金，加快建设校内劳动教育场所和校外劳动教育实践基地；要吸引社会力量提供劳动教育服务。要把劳动教育视为奠定学生幸福人生的重要基础，整体建构劳动育人体系，不断丰富育人途径，积极推进劳动教育实践，持续提升学生的综合素质水平。

2021 年 7 月 24 日，中共中央办公厅、国务院办公厅印发了《关于进一步减轻义务教育阶段学生作业负担和校外培训负担的意见》，提出要减轻学生作业负担和严厉打击校外辅导机构，为劳动实践教育带来了新的发展机遇。

二、经费筹措保障

劳动教育实践基地为大中小学生开展劳动教育提供校外实践服务场所，原则上，政府是劳动教育实践基地建设的投资主体，但是在实际运作中，各地政府因财政短期内不可能安排大笔的资金用于建设投入，导致大多数的劳动教育实践基地建设项目需要通过各种方式筹措资金，以保障劳动教育顺利开展。

（一）财政补助

包括政府项目融资补助和银行贴息补助等。这是对基地建设和运营最直接、最实惠的投资保障，但前提条件是基地建设和运营项目需要由地方政府纳入统一建设规划。

（二）银行贷款

这也是基地建设和运营项目融资的主要获取途径。因为劳动教育实践基地的固定资产一般无法作为贷款抵押，所以往往需要政府担保及政策支持。

（三）通过BT模式，缓解建设和运营资金的暂时短缺

所谓BT模式，就是由施工建设单位或投（融）资公司垫付资金进行建设和运营，基地在建成后的3~5年内或更长的期限中再支付其建设经费。

（四）通过BOT模式，减少基地的建设投资

将劳动教育实践基地有发展前景的服务项目（实体）开放给社会力量，由社会力量来投入设计、建造、运营，基地不再拿钱建造，而是将之移交给社会力量，承担这一建设项目的社会力量（企业），将利用建成后的服务实体（项目），通过若干年的经营收回建设成本及相应的利润。显然，这些方法仅仅适合基地后勤的实体。

项目十　强化劳动教育实践基地保障服务

（五）地企联合，补充基地建设的投资

将劳动教育实践基地能与企业合作共赢的强势专业或实验实训项目拿出来，吸纳企业投资，采取双方合作或冠名建设等方式解决经费投入不足的难题。前提一定是基地必须拥有能吸引企业形成双赢的优越条件。

（六）社会捐助

充分发挥劳动教育实践基地等的社会影响，募集建设和运营资金。这种通过捐赠补充资金的方式受数量限制，只能锦上添花而不能雪中送炭。

另外，学校、家长、社区，以及其他合作联盟提供的经费支持也是保证劳动教育实践基地正常运营的合法来源。

三、经费安全保障

为确保劳动教育实践基地建设实效和正常运营，应从以下几方面做好经费安全保障工作。

（一）科学制订建设规划

无论是银行贷款还是 BT 模式等方式，都将牵涉建设资金的借贷风险。借贷风险的防范，应从劳动教育实践基地建设规划开始就引起高度重视，并加以科学规划防范。应依据目前基地规模和未来发展规模及生均占地面积来合理规划，按照效益优先、投入产出比最大化的原则，尽可能地在保证资金安全的前提下统筹使用。

（二）科学制定施工建设方案

建设项目一旦上马，资金必须立即到位，为了既保证项目建设的顺利完成，又确保资金投入的顺利落实，应当贯彻量力而行与分步实施、建设完工进度与学生规模增长同步推进的原则。有多少资金就建设多少工程，而不要一味地全面铺开，造成资金压力过分集中。首先解决关系到劳动教育实践基地正常运转的主要项目，其次解决锦上添花的问题项目。如此可以让工程建

设投资实现最大的效益。

(三)合理确定融资方式及规模

项目建设和运营投融资的方式主要为银行贷款、BT、BOT 等,其中银行借款和 BT 模式的期限都相对较短,对劳动教育实践基地的短期财政压力很大。BOT 方式,期限一般较长,通常为 15~30 年,对近期财政压力较小。所以,要合理组合和选择投资方案与资金规模,尽可能地错开资金偿还的最高峰期,将基地的财政压力限制在可以接受的范围内,从而使投资费用降低在最合理的水平上。

(四)科学合理安排年度收支结余

若劳动教育实践基地合理地进行各项费用开支后,能够产生适量的资金收支结余,将对防范债务风险起到积极的保障作用。只有通过科学规划、合理安排,才能有效控制开支,开源节流,增强基地抗击资金借贷风险的防范能力。

(五)强化内部审计监督

一是积极探索内部控制评价的方式、方法,逐步形成以内控自评为基础、内控互检互查为主体、飞行检查为核心的多层次、多方式的内控评价模式。二是在做好经济责任审计、工程项目竣工决算审计、内部控制审计等的基础上,积极探索协同审计的新方法,开源节流,确保经费安全。

任务回顾

(1)经费筹措有哪几种有效方式?
(2)如何保障基地建设的经费安全?

项目实训

谈谈如何才能保障基地正常运转?

项目十一
申报评定劳动教育实践基地

项目导读

本项目以省级劳动教育实践基地申报条件及申报材料撰写内容为主,结合本书其他项目,把理论与实践进行完美结合;本项目包括掌握劳动教育实践基地申报条件和评选标准、熟悉劳动教育实践基地申报评定流程、提交劳动教育实践基地申报材料三个任务。项目重点是如何做好基地申报材料提交。

厦门市沧江劳动教育实践基地　　供图:苏在中

学习目标

了解劳动教育实践基地申报条件；掌握劳动教育实践基地建设和评选标准；熟悉劳动教育实践基地申报评定流程；掌握劳动教育实践基地申报的主要材料。

思维导图

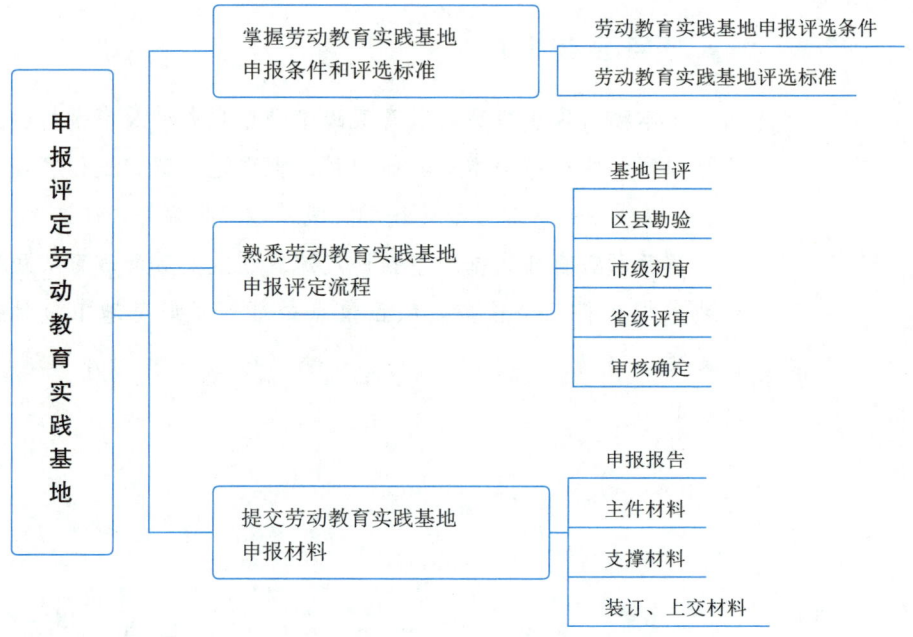

任务一　掌握劳动教育实践基地申报条件和评选标准

任务导入

2023年4月10日，山东省教育厅颁布《关于印发加强普通中小学劳动教育若干措施的通知》（鲁教基字〔2023〕2号），指出："十四五"期间，全省认定公布省级中小学生具有劳动教育功能的研学实践基地200个，遴选公布一批劳动教育类示范基地；市、县（市、区）教育行政部门每年分类公布一批中小学学工、学农、服务性劳动教育基地，注重遴选能够满足劳动周需求的基地，确保每所学校有至少1处相对固定的校外劳动教育场所。

请思考：

劳动教育实践基地如何参与申报和评定省级劳动教育实践基地？

任务实施

我们参考安徽、河南、江西、陕西、浙江、湖南、河北7个省的劳动教育实践基地建设评定标准，总结出了省级劳动教育实践基地申报条件和评定的标准，供劳动教育实践基地参考。

一、劳动教育实践基地申报评选条件

（一）申报评选对象

劳动教育实践基地申报评选对象包括：由政府或社会力量举办的劳动教育实践基地，可以承接大中小学劳动教育实践活动的综合实践基地、研学基地、青少年校外活动场所、职业院校和普通高校实习实践场所等。涵盖现代农业+、自然生态+、传统文化+、智能制造+、爱国主义+、职业探索+、国防科工+、非遗传承+、国情教育+、科技强国+的科技馆、博物馆、纪念

馆、植物园、动物园、流浪动物救助站、自然保护区、名胜古迹、主题公园、森林公园、地质公园、湿地公园，及工业、农业、科技、非遗、经贸、军事、体育、文艺、企业、工厂等各类场馆企业。

（二）申报主体要求

申报主体必须是法人单位或社会组织，具有相关资质（营业执照、经营许可证、法人资格证、土地使用证、环评、建筑许可证、消防许可证、卫生许可证、安防设备许可证、基地公众责任险等）和独立开展劳动教育实践项目的能力。

二、劳动教育实践基地评选标准

目前从全国层面来看，尚没有统一的关于劳动教育实践基地评选的国家标准和行业标准。但是在实践中，很多省市教育主管部门陆续制定了本省的劳动教育实践基地标准，以规范本省市的劳动教育实践基地建设和评选活动。譬如，陕西省教育厅公布的《陕西省大中小学劳动教育实践基地建设标准（试行）》就是省级劳动教育实践基地建设标准，它不仅指导着全省的劳动教育实践基地建设和评选，而且对其他省市县劳动教育实践基地建设和评选具有参考指导意义。

任务回顾

如何建立符合省级教育主管部门要求的劳动教育实践基地？

项目十一　申报评定劳动教育实践基地

任务二　熟悉劳动教育实践基地申报评定流程

任务导入

某省教育厅要求：劳动教育实践基地申报按照教育行政主管部门要求为属地管理，按照基地自评、区县勘验、市级初审、省级评审、审核确定的流程进行规范上报，以便每一级针对不同检查内容项目做出评价。

请思考：

劳动教育实践基地申报和评定有哪些流程要求？

任务实施

我们参考多个省级的劳动教育实践基地建设评定标准，总结出了劳动教育实践基地申报和评定的主要程序，供读者参考。

一、基地自评

评选按照自愿原则，申报基地对照基地建设标准进行自评，找出差距，查漏补缺，完善基地，争取做到自评达标。

自评达标后，各普通高等学校和高等职业院校、省属中职学校建设的基地，直接向省教育厅申报，其他单位向当地教育局申报。

二、区县勘验

基地自评达标后，基地报请所在区县教育主管部门，并请区县教育主管部门现场勘验，帮助评定，指出整改意见，协助办理申报手续。

— 251 —

三、市级初审

各市（区）教育局组织专家按照省级基地建设标准，对辖区内经过区县申报的基地进行资料审核和现场考察、评估。对评估分数达标的，依据分配限额择优向省教育厅推荐。

四、省级评审

省教育主管部门组织专家对各市（区）、各校推荐（申报）的基地，采取资料审核、实地查看等方式进行综合评审，拟定省级大中小学劳动教育实践基地名单。

五、审核确定

名单经省教育主管部门研究，并在省教育主管部门网站公示无异议后，由省教育主管部门发文命名并授牌。

任务回顾

申报、参评省级劳动教育实践基地有哪些流程？

任务三　提交劳动教育实践基地申报材料

任务导入

某劳动教育实践基地办公室主任小陈接到董事长电话指示，基地将参加

项目十一 申报评定劳动教育实践基地

本年度省教育厅主办的全省大中小学劳动教育实践基地申报评选活动，请小陈做好申报工作，准备申报评选材料。小陈接到指示，紧锣密鼓地抽调各部门骨干同事，组建申报项目部，负责申报省级基地工作。

请思考：

劳动教育实践基地申报参评劳动教育实践基地需要准备哪些材料？

任务实施

劳动教育实践基地参加省级基地评审，需要提交以下申报材料。

一、申报报告

各市（区）教育局报送省级劳动教育实践基地推荐报告，各高校、省属中职学校报送申报报告。内容包括推荐/申报基地的基本情况、自评（审核、推荐）过程情况、推荐/申报意见等，并附《推荐/申报省级劳动教育基地情况汇总表》。

二、主件材料

（一）填写申报书

由申报单位按照省级教育主管部门劳动教育实践基地申报要求，据实填写申报书。

典型案例

陕西省大中小学劳动教育实践基地申报书

基地名称	
申报单位	
共建单位	

续表

基地详细地址					
基地性质	☐事业单位 ☐国有企业 ☐民营企业 ☐其他				
基地法人姓名			联系电话		
基地主要负责人姓名		职务及职称		联系电话	
基地工作人员人数（人）		基地注册资金（万元）		基地面积（亩）	
服务对象		☐大学生　☐中学生 ☐小学生　☐其他		一次性接待实践学生人数（人）	
教室数量（个）		教室总面积（平方米）		住宿床位（个）	
餐厅面积（平方米）		每餐保障人数（人）		专兼职教师人数（人）	
劳动教育实践主题	主要教学课程		教学形式	接待人数（次）	备注

项目十一 申报评定劳动教育实践基地

续表

	姓名	教师资格证编号	专兼职	所在（或原）单位、学校名称
劳动教育教师配备情况				
基地基本情况	（简要介绍基地基本情况及特色亮点，500字以内）			
基地组织管理体系	（简要介绍基地内部职能部门设置、职责任务等情况，300字以内）			
基地劳动教育实践开展及实施效果	（简要介绍基地课程设置、师资队伍建设及劳动教育实践开展情况和实施效果，1000字以内）			
基地建设规划	（300字以内）			
申报单位承诺	本单位承诺所报送的申报材料真实有效。 申报单位：（公章） 年 月 日			
县（区）教育局推荐意见	 （县、区教育局公章） 年 月 日			

续表

地市教育局推荐意见		（市、区教育局公章） 年　月　日
备注		

（来源：陕西省教育厅网站）

（二）撰写自评报告

由劳动教育实践基地撰写《申报基地自评报告》。内容包括基地规模、资金投入、设施设备、功能特色、课程设计、师资力量、教学保障、运行效果、发展规划等，要重点突出、简明扼要，字数一般控制在3000字以内。

 典型案例

《劳动教育实践基地自评报告》编写思路

一、基地规模条件及资金投入

1. 资金保障措施：列举基地为确保专项资金安全和有效使用所指定的符合国家要求的《资金使用管理制度》。

2. 质量和成本控制：基地运营期间针对采购、施工、设备、生产消耗等方面的有效措施。

3. 项目专项资金使用：项目专项资金主要用于基地劳动教育实践活动补助，课程与资源研发补助，人员培训补助，修缮维护和设备更新补助。资金实行项目单位负责人负责制。建立健全内部控制机制，专款专用，专账管理，确保每笔支出费用符合相关资金管理规定，不存在任何更改用途、拆借、挪用、挤占等。

4. 专项资金管理办法：切实规范专项资金管理，保障资金安全、高效运行，发挥资金使用效益，特制有详细的专项资金管理制度。

二、基地设施设备

1. 基地已建成区域项目：汇报材料中，对基地已建成开放区域进行详

细列举。

2. 配套服务项目：本模块主要对基地配套服务项目中的住宿、餐饮配套及设备、教学设施、服务中心、停车场、医务室、警务室等方面配套设备规模、数量等进行汇总。

三、基地功能特色

1. 本模块主要针对基地区域进行功能划分，并对主体功能区域进行详细介绍。

2. 区域课程设置强调身心参与，注重手脑并用；继承优良传统，彰显时代特征。增强劳动教育的时代性。发挥主体作用，激发创新创造。引导学生感受劳动的艰辛和收获的快乐，增强获得感、成就感、荣誉感。

四、基地课程设置

基地劳动教育课程内容设置要紧扣学校课本知识点，将语文、历史、地理、物理、化学、自然教育、劳动教育等学科知识融入实践课程中。学生通过日常生活劳动、生产劳动、志愿者服务劳动等亲身实践相关课程，加强自身的文化素养，提高自身的科学探索能力，增强运用科学知识解决问题的能力。进一步发挥劳动育人功能，弘扬劳动精神，引导学生崇尚劳动、尊重劳动、热爱劳动，树立劳动最光荣、劳动最崇高、劳动最伟大、劳动最美丽的劳动观念。

五、基地师资力量

组建基地专家（教授、副教授、名师、劳模、工匠、非遗传承人）、学科带头人（行业突出专家）、任课教师、劳动实践指导教师、心理辅导师、体智能专家、青少年素质训练教练团队，需老、中、青三代结合，体现学历，并提供详细的师资力量介绍及相关资质证书。

对基地指导教师、管理人员、专业技术人员、课程开发老师、课程实践辅导老师、活动对接及接待人员、安全员等，依据岗位进行人数详细列举，形成专业的"网络式"管理模式。

六、基地教学保障

（一）基础安全保障

1. 基地内建筑房屋、水电、通信、消防、无线网、空调、监控等设备设施齐全，就餐、住宿、医疗方便。

2. 针对学生劳动实践、生活食宿、休闲活动等，建有完整的责任到人、分工具体的安全管理教育制度。

3. 对劳动实践教育活动各环节均有安全处置预案；配备专职安保人员，消防设施设备齐全，具体详见《运营管理规章制度》及《安全防范及应急预案》。

（二）经费保障

1. 基地有足够的人员及资金确保劳动教育实践活动持续开展，重视对基地建设经费的投入。

2. 基于每年在生产方面都有稳定的收益，每年新增建设经费预算规划充足，日常运转经费来源稳定。

3. 除此之外，基地每年预留出足额的专项资金，进行劳动教育实践活动的组织和发展，保证针对学生劳动教育实践。

4. 各项收费均低于社会收费标准，开展贫困、残疾学生的免费活动。

（三）后勤保障

1. 负责全程活动所需物料、设备、食宿等安排，照看并监管好同学们的物品财产安全，负责安全事故发生时车辆接待、物资保障等后续恢复工作。

2. 每周星期一进行一次定期的安全大检查，督导部牵头，餐饮部、物业部、安全保障部、设备保障部、客房部、客服部各派一人参加，并有记录。

（四）安全设施保障

1. 基地内安全提示牌、安全防护栏、监控系统、应急通道、消防设施、警务室一应俱全，医务室配套到位，有专职卫生员，应急药品器械配备齐全。

2. 安装视频监控系统，实现全覆盖。基地内设有应急避难场地，消防设施齐全，定期开展消防演练，确保安全。

（五）保险保障

1. 有相对应的人员专门负责劳动教育实践相关工作的开展，有成熟的团队接待方案及经验，熟悉团队接待流程及交通等相关事宜。

2. 配备公共责任保险总额1000万元，个人意外医疗报销20万元，保障学生财产及人身权益。

（六）医疗保障

1. 每队配备一名队医，负责师生健康管理，宣传伤病防护知识和及时救助。

2. 发生一般伤病，由随团队医第一时间进行处理，并进行后续护理直至康复或活动结束；如遇传染性疾病或严重伤病情况，应就近送往正规医院诊断，并及时通知指挥中心，联系学生家长，妥善处理。

（七）环境及卫生保障

1. 各类场地要求符合国家卫生要求，即环境整洁，无污水、污物，无乱建、乱堆、乱放现象。

2. 建筑物及各种设施设备无剥落、无污垢，空气清新、无异味。

3. 厕所布局合理，数量能满足需要，标识醒目美观。

4. 垃圾箱布局合理，标识明显，造型美观，与环境协调。垃圾箱分类设置，垃圾清扫及时，日产日清。

七、基地运行效果

本章节主要针对基地年开放天数、单次接待人数、年度总接待量和基地所获荣誉进行汇报介绍，对基地自成立以来的总接待量及合作单位进行列举。

八、基地发展规划

以基地三年、五年、十年发展规划为主线进行阐述。

九、劳动教育实践基地自评表

基地参照省大中小学劳动教育实践基地建设标准逐项比对自评，打分汇总。

（本案例由西安新未来劳动教育实践基地张会臣编写）

（三）填写自评表

由各申报基地对照基地建设标准和要求，填写《申报基地自评表》，逐项逐条自评，并在相应栏目打分（基础设施建设项必选，学段特色课程建设项可选其一或多个），标题处需加盖基地（单位）公章。

三、支撑材料

（一）资质证明

资质证明材料包括申报基地（单位）的法人资格证明、相关运营资质（营业执照、消防安全、水质检测、食品卫生等）证明复印件。各复印件加盖申报基地（单位）公章。

基地概况及资质证明材料准备备忘录
——劳动教育实践基地支撑材料准备

一、基地概况
从地域、区位、交通、周边环境、基地详细介绍方面进行阐述。

二、证件、证书
企业营业执照、企业法人身份证、无犯罪记录证明、土地证、建设土地规划许可证、消防备案许可证、环评报告批复、卫生许可证、食品经营许可证、公众责任险保单等资质证书及证件扫描件。

三、基地环境条件
对基地四周区位辐射情况、基地所在地区气候、降雨量及基地环境进行阐述。

四、基地建设及运营专项经费
本段内容主要从基地建设及运营专项经费、资金保障措施、质量和成本控制、项目专项资金使用管理、专项资金管理及审计办法五个方面进行分段汇总。

五、基地面积和基础设施建设
（1）基地平面图及效果图。
（2）住宿：对住宿环境、住宿房间数量、可容纳人数进行图文介绍。
（3）餐饮：对餐饮环境、单次最大用餐人数、有无民族餐厅等方面进行图文介绍。

（4）教学设施：对建筑面积、教学区域、教室会议室数量、单次最大承载量等方面进行图文介绍。

（5）停车场、医务室、警务室配套设施：对停车场大小、车辆停放数量、医务室、警务室等方面进行图文介绍。

（本案例由西安新未来劳动教育实践基地张会臣编写）

（二）工作制度

清楚说明申报基地运营管理工作的各项制度，文档加盖申报基地（单位）公章。

 典型案例

基地运营工作制度材料准备备忘录
——劳动教育实践基地支撑材料准备

一、基地组织架构及岗位职责示意图，加盖公章

二、师资团队建设

（1）劳动实践指导教师团队：教师资格证、课程及辅导员资格证书等扫描件

（2）应急团队：红十字会急救员资格证书扫描件

（3）职业教师团队：大国工匠、劳模、职业技能等级证书等扫描件

（4）师资队伍特色亮点介绍

三、教学组织机制

（1）课程设计准则

（2）课程设计理念

（3）课程开发及其亮点

（4）教学方式、教学方法

（5）劳动实践指导教师管理机制

（6）劳动教育实践评价制度

四、劳动教育实践活动服务与管理

（1）组织管理规章制度

（2）安全保障

（3）经费保障

（4）后勤保障

（5）活动服务安全管理

五、安全设施保障与亮点特色

（1）安全设施保障措施

（2）亮点与特色

（本案例由西安新未来劳动教育实践基地张会臣编写）

（三）主题课程

（1）申报基地劳动教育主题课程文本资料（有的省份要求不少于 8 个主题课程）。

（2）主题课程方案要突出特色亮点，教学目标正确，教学方式恰当，教学方法良好，利于立德树人，利于学生核心素养的提高。

（3）展示成功案例，要求课程社会影响力大、辐射范围广。

（四）数字化技术证明

1. 图片资料

附带劳动教育实践活动场景图片资料（有的省份要求每个主题课程须配 2~5 张图片）。拍摄图片格式一般要求：统一为 jpg 格式，5Mb 以上，横屏。

2. 视频资料

准备申报基地运行视频资料。视频格式一般要求：视频横屏，1080p 高清，MP4 格式。原创，5 分钟左右，无杂音。编写文件时把短视频变成二维码嵌入材料之中。

短视频拍摄要求：

（1）为增加直观视觉效果，增加一些基地运营、管理、上课等视频，或课程介绍视频，让指导教师可以跟着视频学讲课或更直观地了解基地教学点。

视频不用从头讲到尾,可以讲重点和需要特别强调的内容,每个视频不用太长,3~5分钟就可以。

(2)视频最低要求:MP4格式,横屏,1080p高清。

(3)视频配有同步字幕。

(4)所有视频一律刻录到光盘或者放到U盘中,单独寄到主管部门。

(5)视频不存在著作权和肖像权问题。

(6)视频画面要稳,注意不要抖动,不要左右或上下晃。

(7)视频画面无拖尾、重影现象。拖尾是指显示动态图像时出现的边缘发毛、看不清细节的现象。

(8)字幕用宋体字,不用标点。声音与字幕完全一致,并且同步。字幕以手机上看得清楚为宜,别太小。字幕可以一行,也可以两行,以一行为宜。

(9)如有背景音乐,需要有授权。

四、装订、上交材料

(1)准备好的申报材料按照申报报告、主件材料、支撑材料三类,按类装订成三册,每册一式一份。

(2)为确保评审工作公平公正,按照评审工作相关要求,还需报送用于专家评审的申报材料。该材料包括主件材料、支撑材料(不含资质证明)两类。

(3)主件材料和支撑材料必须隐去单位(基地)名称、人员姓名、地域(址)、联系方式等标识性信息(含视频、图片资料)。

(4)材料封皮为白色,按类装订成两册,每册一式六份。

(5)请于指定日期前,将所有申报材料的纸质版和电子版U盘(电子版包括:申报报告、《申报书》的Word电子版,用于专家评审的两类材料的PDF扫描电子版),一并报送至省教育厅,逾期视为自动放弃。

任务回顾

《劳动教育实践基地自评报告》包括哪些内容?

项目实训

请根据自己所在省教育主管部门要求,为你熟悉的劳动教育实践基地编写一份省级劳动教育实践基地申报材料。

项目十二
宣传推广劳动教育实践基地

▌项目导读 ▌

宣传推广服务对于劳动教育实践基地的运营与管理有着至关重要的作用。良好的宣传推广服务可以提升劳动教育实践基地的社会知名度,增强劳动教育实践基地在行业内的影响力,吸引更多学生参与基地劳动实践,树立劳动教育实践基地的品牌形象。本项目主要介绍了新时代宣传推广服务的几种主要方式,包括利用云平台宣传、巧用自媒体短视频、借用电视台媒体、利用报纸和期刊媒体等。

濮阳市示范性综合实践基地采油五厂劳动教育基地　　摄影:吕峰

学习目标

了解宣传推广劳动教育实践基地的主要途径及几种主要方式；熟悉建立云平台宣传推广劳动教育实践基地的方法；掌握利用自媒体短视频、电视台、报纸、杂志等媒体宣传劳动教育实践基地的要点。

思维导图

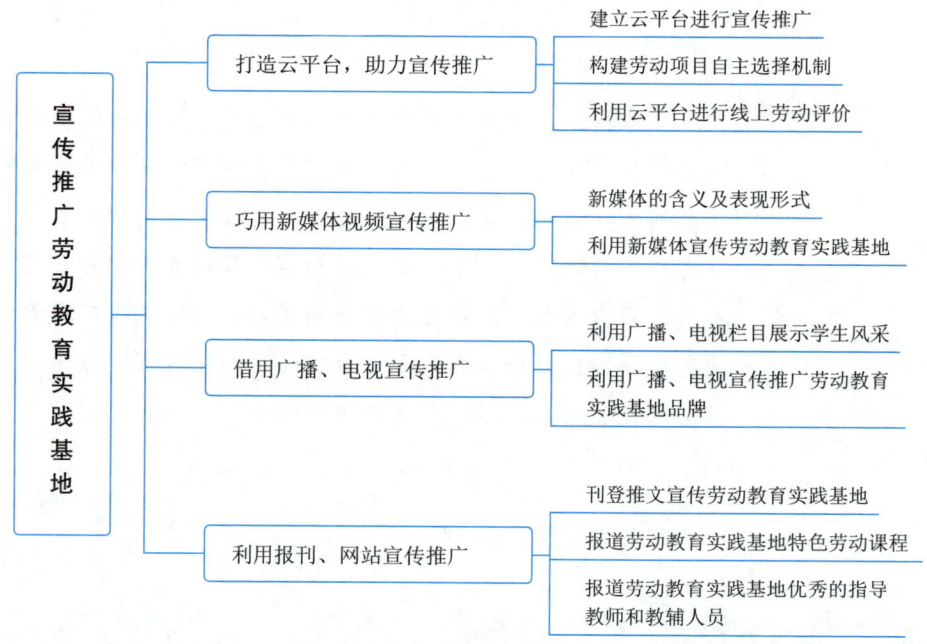

项目十二　宣传推广劳动教育实践基地

任务一　打造云平台，助力宣传推广

任务导入

劳动教育实践基地要充分利用传统媒体与新媒体等各种形式的媒介大力宣传推广，提高社会知名度及受重视程度。在巩固报刊、电视台等"线下"传统媒体宣传的基础上，应进一步创新宣传手段，积极抓好"线上"宣传，利用劳动教育实践基地的云平台、公众号、微博等，形成立体化宣传推广体系。通过宣传报道劳动教育实践基地的特色课程和活动亮点，将劳动实践与学生实际需求有效融合，凸显劳动教育的综合育人价值，提高学生对参与劳动实践必要性的认同感。

请思考：

劳动教育实践基地如何利用"云平台"对劳动教育实践活动进行宣传推广？

任务实施

劳动教育实践基地应积极建立云平台，利用互联网大数据提供宣传推广服务，同时建立网上劳动项目自主选择机制和评价机制，为学生提供更多的劳动项目选择和良好的劳动实践体验感受。

一、建立云平台进行宣传推广

新技术快速发展，对于劳动教育实践基地来说，基于大数据的宣传和推广正在发生。手机视频、网红直播已经成为人们获取信息的主要渠道。更重要的是，云生活和云消费成为当前社会生活大背景，成为宣传推广的主力。劳动教育实践基地的云平台是劳动教育实

— 267 —

践基地面向社会、走进学校、贴近学生开展宣传服务的一项重要创新举措。通过这一新型传播模式,可进一步挖掘劳动教育实践基地的资源,提升劳动教育实践基地的品牌效应,扩大社会影响力。

劳动教育实践基地在"云平台"开发多个专题栏目,聚焦学生在劳动实践过程中的表现,锻炼劳动能力,培养劳动品质,提升核心素养,彰显劳动实践的育人价值。例如,开发"劳动教育清单""基地劳动课""我的职业规划""新时代小农人""社区服务行动""非遗劳动周""劳动成果展""我的劳动故事"等宣传板块。每个板块都配有文字、图片、短视频介绍,劳动内容丰富多彩,劳动形式各式各样,吸引学校、家长、社区、教育行政机关等人士查看浏览,引发关注。学校、基地、家长、学生基于大数据进行数据采集,通过VR试衣、试妆,定制或推荐各种劳动教育项目。不少劳动教育实践基地推出了"云劳动",让学生进行虚拟体验。

譬如,某个云成长线上公益直播平台汇聚了国内外劳动领域及教育领域的资深人士,搭建劳动教育实践线上平台,通过在线直播向劳动教育界提供最新的劳动教育标准、劳动教育政策解读、劳动教育课程设计、劳动教育安全管控及劳动教育评价机制。同时,高标准、升级版的劳动教育课程为劳动教育从业人员带来了宝贵的学习提升机遇,在线上线下的衔接与融合中,逐步沉淀形成更多样化的劳动教育推进模式。各个主流媒体争相报道、争相传播,这便是最好的宣传推广。

二、构建劳动项目自主选择机制

劳动教育实践基地可以利用云平台构建"线上自主竞领"劳动项目选择机制。劳动教育实践基地在云平台上动态发布劳动项目,学生在云平台进行实名注册。学生根据自己的兴趣、特长等参与线上劳动项目自主竞领。"线上自主竞领"把劳动项目的选择权交给学生,丰富的劳动项目和劳动资源既满足了学生的个性化需求,又充分激发了学生自主劳动的意识和积极性。同时这种方式还能引起劳动教育各方共鸣,吸引更多人围观及参与。

项目十二 宣传推广劳动教育实践基地

三、利用云平台进行线上劳动评价

利用云平台、大数据对学生的劳动实践进行分析和精准评估,以直观图表的方式反映学生的劳动实践情况,并根据大数据评选出"劳动标兵"进行表彰,增强学生的荣誉感,提升学生、学校和家长对劳动教育实践基地的关注度。同时利用大数据体系,对关注平台的互联网用户进行精准宣传和智能推送服务。

打造"劳动云平台"助力劳动教育实践基地宣传推广

为了深入推动新时代劳动教育的发展,浙江宁海职教中心劳动教育实践基地利用"云平台、大数据"等数字技术,创新开发了"劳动云平台"线上宣传推广新途径(见下表),构建有中职特色的劳动服务机制,凸显学生在劳动实践中的主体地位,广泛宣传劳动实践的育人价值,让数字技术为劳动教育赋能。

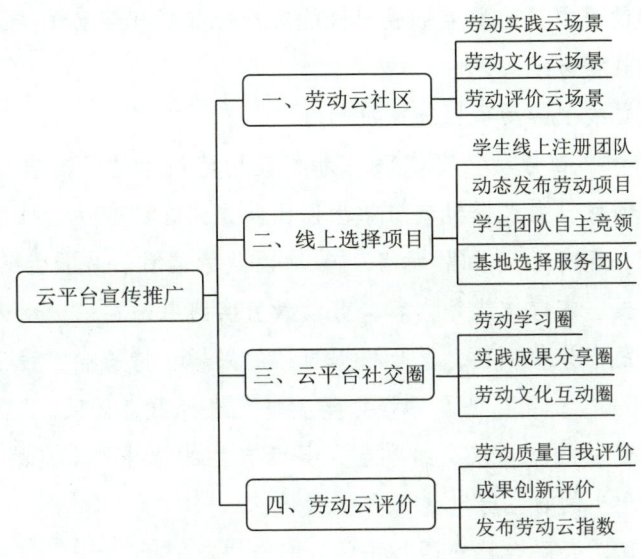

一、打造数字化"劳动云社区"

宁海职教中心积极开发凸显劳动特色的数字化平台——"劳动云社

区"，包含劳动实践云场景、劳动文化云场景、劳动评价云场景三大场景共九个板块。

（一）劳动实践云场景

劳动实践云场景为学生提供项目自主选择、项目化学习、成果发布等服务。这一云场景借助数字化平台实现供需双方劳动项目发布与接收、团队选择与服务的"双向自主"，使劳动实践"学思践悟"各个环节线上线下混合进行，突破劳动教育的时空限制，打破劳动教育与德育、智育、体育、美育之间的界限，真正发挥劳动育人价值。

（二）劳动文化云场景

劳动文化云场景提供劳动社交、劳动历史和劳动艺术展示等服务。借助数字化平台使劳动团队与"劳动云社区"里的其他人员进行劳动文化交流和价值交换，让劳动文化传播促发劳动育人价值最大化。

（三）劳动评价云场景

劳动评价云场景提供劳动状态数字化显示、劳动积分记录、点赞式评价等服务。这一云场景突破了劳动评价的单一性与时效性，利用"大数据、云平台"等现代信息技术手段，展示学生在劳动实践中的实际表现，注重在劳动过程中帮助学生形成积极的劳动价值观和劳动精神，并及时开展劳动过程监测与纪实评价。

二、建立线上劳动项目选择机制

宁海职教中心劳动教育实践基地积极构建线上"动态发布、自主竞领"的劳动项目自主选择机制。学生以团队方式在"劳动云社区"进行实名注册登记，云平台详细展示各个劳动团队的名称、成员姓名、团队口号、兴趣特长、掌握技能等内容；劳动教育实践基地在"劳动云超市"上不定期动态发布劳动项目，学生根据自己的兴趣、特长在实践云场景参与"线上自主竞领"，项目需求方根据学生情况选择服务团队。"线上自主竞领"机制把劳动的选择权交给学生，灵活自主的选择、丰富的劳动项目，充分激发了学生的自主劳动意识和积极性。

三、搭建"云平台社交圈"

（一）搭建"云平台劳动学习圈"

劳动学习圈实现劳动课程学习的创生和交互。通过"劳动加油站"发布项目化劳动微课程，供学生劳动实践前学习。劳动实践结束后，劳动团队将自己的劳动实践经验总结、制作成"微课程"，上传至"劳动加油站"，供其他劳动团队学习。"社交式"学习汇聚集体智慧，实现了知识创生和个性化学习，参与劳动的学生既是劳动经验和智慧的"学习者"也是"生产者"。

（二）建立"实践成果分享圈"

劳动团队以视频、图片、文字等多种形式记录劳动实践过程和劳动实践感悟，上传至平台，圈内人士进行点赞、评论与分享。遴选优秀劳动成果在"劳动云剧场"进行展示，学生观摩同伴们的创新劳动成果，用艺术演绎劳动之美、致敬劳动者，激发学生劳动实践内生动力。

（三）构筑"劳动文化互动圈"

创建线上"劳动历史馆"反哺线下，让学生享受丰富的文化大餐，获得海量劳动教育资源。学生云游"劳动历史馆"，了解劳动名人的先进事迹，学习劳动者的高尚精神和优良品质，让工匠精神、劳模精神潜移默化渗透到心中。同时，劳动团队把每一次的劳动实践成果和感悟通过"劳动云茶馆"进行发布，圈内人士进行回复、评论与点赞。线下举办"劳动文化周"，通过媒体向社会各界宣传劳动实践成果，对表现突出的学生或团体进行表彰，举行"金牌劳动志愿者"授星仪式。每年评选"最具创新力劳动团队""最辛勤劳动团队""最团结劳动团队"各3个，"劳动达人"20名，校内外"优秀劳动导师"各5名；五星级"金牌劳动志愿者"入选"劳动历史馆"。

四、利用"劳动云评价"对劳动实践进行全方位评估

（一）劳动质量自我评价

学生填写"劳动质量自我评价表"上传至云平台，围绕"以劳树德、以劳增智、以劳育美、以劳强体、以劳创新"开展劳动实践"五育融合"自我评价。

（二）成果创新评价

建立"成果创新评价"，鼓励学生进行创新性劳动，增强创新意识。根据劳动成果的创新性进行线上评估，评估分为"创造性完成、高质量完成、圆满完成、完成、基本完成"5个等级，每个等级赋予相应分值。根

据各劳动团队的积分进行动态排名，遴选优秀的劳动作品在"劳动云展台"进行展示。"成果创新评价"激发了学生进行劳动工具改造、工艺优化及产品创新等方面的热情。

（三）发布劳动云指数

利用大数据分析进行精准评估，"劳动云指数"以直观图表的方式，反映各个团队的劳动实践情况，评选出每一个项目的"劳动小标兵"进行表彰，增强学生的荣誉感，提升家长对劳动教育实践基地的知晓率和关注度；同时建立大数据体系，对关注劳动教育实践基地的用户实现精准宣传和智能推送。

通过搭建"劳动云平台"，探索劳动教育实践基地宣传推广方式，同时利用大数据创新线上劳动评价，实现了数字技术助力劳动教育实践基地宣传推广服务的目的。

（来源：王建科.当劳动教育走入数字时代［N］.中国教育报，2022-05-03.由唐文慧老师改编）

任务回顾

结合所学知识，谈谈你所在单位是如何利用"云平台"进行宣传推广的。

任务二　巧用新媒体视频宣传推广

任务导入

据《常德日报》报道：2023年1月13日，2023年全市新媒体暨网友座谈会召开。常德市委常委、市委宣传部部长彭旎丹出席会议并讲话。

会议通报表彰了2022年度优秀政务微信公众号、优秀媒体微信公众号、优秀自媒体微信公众号、网站专题创作优秀平台、原创微视频优秀集体、原创抖音优秀账号、原创微文博文优秀个人，并宣读了常德市网络文明建设倡议书。会上，11名省市媒体负责人、市直单位政务新媒体运营负责人、网络名人结合工作，交流了当前新媒体建设的经验做法、意见和建议，以及下一步工作打算。

会议指出，2022年，常德网信工作呈现了主题宣传声势强劲、网络宣传活动出新出彩、舆论引导提质进位等特点，成绩值得肯定。要聚焦中心大局，凝聚思想共识，为全面建设社会主义现代化新常德提供坚强思想保障和强大精神力量；要不断坚持理念、内容、手段、机制创新，精准用好平台，提升工作水平；要用好用活机制，推出一批直抵网民内心的网络作品，扶持培育一批导向正、创作佳、传播广的网络名人队伍，建立协同联动的新媒体矩阵，汇聚全域合力，提升常德的知名度和美誉度。

请思考：
（1）什么是新媒体？新媒体有哪些形式？
（2）新媒体暨网友座谈会的召开，对劳动教育实践基地有什么启发？

任务实施

一、新媒体的含义及表现形式

（一）含义

新媒体是指普通大众通过计算机网络、无线通信网络等渠道，以及电脑、手机等终端，向不特定的人群和用户提供信息和服务的传播形态。具有门槛低、运作简单，平民化、个性化、自主化，交互性强、传播迅速等特点，很受普通大众欢迎。新媒体时代，人人都有电视台，人人都是记者，想说就说，想写就写，想播放就播放。正如，网络电视草根化，飞入寻常百姓家。

（二）表现形式

目前普及范围广、传播力度大的新媒体主要有微信、微博、抖音短视频平台等。

1. 微信

微信朋友圈、微信公众号等媒介上,以文字、图片、视频等方式发布宣传内容,可随意转发和分享,可见率高、影响力广、号召力强。

图 12-1　微信朋友圈里的劳动教育宣传　摄影:岳振坤

微信公众号是目前十分热门、有效的一种微信宣传方式,开通微信公众平台不需要花费太多时间和精力,在资金、人气要求方面都是零门槛,通过注册、功能设置等途径,就可以在微信公众号上对劳动课程、劳动教育实践基地进行宣传与推广。譬如,江苏盐城就研发推出盐城微信表情包"呦游盐城",该表情包以麋鹿为原型将可爱的麋鹿形象与荷花、中华麋鹿园等基地相结合,引发网友关注。在创新推广模式方面,很多基地微信公众号推出了一系列劳动内容项目栏目,增强与学生的信息互动;积极参加广播访谈节目、劳动教育招标会等,保持曝光度。

2. 微博

将宣传内容以文字、图片、视频等方式发布在微博上,可即时分享和互动,具有传播速度快、传播范围广等特点。

3. 抖音

能以短视频的方式呈现宣传内容,拥有强大的滤镜、道具、剪辑、特效等功能,能为宣传内容增添创造性和趣味性,牢牢抓住受众的眼球。

项目十二　宣传推广劳动教育实践基地

二、利用新媒体宣传劳动教育实践基地

（一）利用自媒体宣传劳动教育实践基地

新兴自媒体具有传播速度快、可见率高、号召力强、影响力广的特点，能够广泛吸引受众，提升宣传的实效性。劳动教育实践基地应充分利用新媒体进行宣传推广，打造基地自媒体品牌提升宣传推广效果。

1. 利用短视频宣传

拍摄原创劳动教育活动场景短视频，将劳动实践、学生风采、成果展示等通过"短视频+文字"的方式呈现，让学生、家长和学校能够通过多渠道了解劳动教育实践基地的信息，学生和家长，甚至其他大众也会转发宣传，借此宣传劳动教育实践基地。

盘锦劳动教育实践基地利用短视频展示学生劳动实践过程。

 典型案例

插秧助春耕　劳动知农事
——盘锦劳动教育实践基地课程纪实

"初夏好时节，插秧正当时。"为了更好地贯彻落实劳动教育内涵，弘扬劳动教育精神，6月2日，在盘锦市示范性综合实践基地的组织下，盘锦市辽东湾实验小学六年级100名学生及教师来到劳动教育实践基地，开启了一场水稻插秧劳动实践活动。在活动中，同学们亲手体验插水稻秧苗，在劳作中体悟劳动内涵，在实践中感受生活之美，树立起崇尚劳动、尊重劳动的思想观念。

（利用短视频展示学生劳动实践过程）

基地劳动教师向学生简单介绍了水稻的历史、盘锦大米的发展历程等知识，并向学生展示正确的插秧方法技巧。"拿起3~5根秧苗，用食指和中指钳住秧苗的根部，掌心朝向秧苗，顺着秧苗的根朝下，插入泥土中。"在基地教师的带领下，同学们分小组开始了插秧劳作。尽管在水中劳动困

难重重，插秧手法也不够熟练，但同学们依旧热情高涨，挽起袖子半蹲在水田里，认真地将秧苗一根根植入田中。

一分耕耘，一分收获。在同学们的努力下，一小片水田终于初具规模，整齐排列的秧苗见证着同学们劳动的艰辛。此次劳动实践，使学生亲身体会到农民种粮的辛苦，真正理解了《悯农》的内涵，也用实际行动缅怀我国杂交水稻之父——袁隆平爷爷。同学们在劳动实践中培养了吃苦耐劳的精神和勤俭节约的习惯，树立起正确的劳动观念，懂得了要用勤劳的汗水换取人生的收获。

（来源："插秧助春耕　劳动知农事"盘锦营地劳动教育主题实践活动纪实［EB/OL］.盘锦市示范性综合实践基地公众号，2021-06-07.由唐文慧老师改编）

2. 利用微信公众号宣传

关于劳动教育实践基地如何利用自己的微信公众号有效传播基地劳动文化，建立立德树人、劳动育人的正确导向，为劳动教育管理与运营呐喊助威，我们做了以下初步探讨。

（1）内容上，既要展示基地重大事件，也要表现日常新闻，持续保证公众号的新鲜度。作为基地日常新闻，需要有一些深度报道及题材新颖的报道，吸引大众阅读，保持用户稳定或促进增长。譬如，报道某某学校有多少学生来本基地参加什么劳动、某某领导来基地考察指导等大事件，也可选择基层的指导老师、宿舍阿姨、教辅老师的故事或者教研组、办公室故事，越是平凡人的故事，其泥土和露珠味越浓，越能吸引大众的兴趣。附上优美的文字、清晰的图片和二维码视频，有针对性地进行宣传推送。

譬如，庐陵人文谷微信公众号发布"特大喜讯"——庐陵人文谷成功入选江西省级劳动教育示范基地。文章既通报了本基地"喜获江西省级劳动教育示范实践基地授牌"大喜事，又介绍了自己的接待能力、主要课程和服务理念。同时全文插入十几幅学生动手体验劳动场景的图片，说明、佐证活动内容，图文并茂，交相辉映，是一篇很好的微信公众号推文。

项目十二 宣传推广劳动教育实践基地

🛠 典型案例

为了加快推进江西省大中小学劳动教育,江西省教育厅在设区市会推荐基础上,经专家评审,认定28家单位为江西省劳动教育实践示范基地,庐陵人文谷成功入选,喜获江西省级劳动教育实践示范基地授牌。

这些年,庐陵人文谷依托良好的地理环境及优质的服务理念,已接待了来自省内外的4万多名中小学生的劳动实践,并获得各大中小学校领导和家长的好评及认可。

劳动教育实践基地现设有陶艺拉胚、新干剪纸、沙画艺术、状元手鼓、植物拓印、彩绘泥塑、非遗木板雕刻拓画、非遗烙画、手磨豆浆、手打糍粑、手工制作状元饼等10多项劳动课程,也可以根据学校需求定制劳动实践项目。

基地将积极探索劳动教育和多学科课程资源"双向融合",在劳动实践中培养学生尊重劳动人民、珍惜劳动成果的思想感情,树立劳动最光荣、劳动最崇高、劳动最伟大、劳动最美丽的价值观;养成良好的劳动习惯和劳动品质;增强追求幸福生活的劳动能力;培育积极的劳动精神与精益求精的工匠精神。庐陵人文谷遵循公益性原则、教育性原则和安全性原则,让学生在劳动项目中动手实践,出力流汗,接受锻炼,磨炼意志,充分发挥劳动教育树德、增智、强体、育美的综合育人功能,让学生在"沉浸式"劳动中收获满满、健康成长,让青少年扣好劳动教育的"第一粒扣子"。

(庐陵人文谷成功入选江西省劳动教育示范基地[EB/OL].庐陵人文谷微信公众号,2022-07-20.由唐文慧老师改编)

(2)形式上,创新宣传形式,用新媒体语言讲好劳动基地故事。

第一,要会运用图片、图表、视频等基本元素,一些科技类产品,一些晦涩的知识,通过图文形式表现会更直观。同时为了达到更佳的视觉效果,需要选择可能具有较强冲击力、感染力的图片或视频,进行有机的串联,与文字互补形成呼应,产生共鸣。

第二,将内容换着花样编出来、写出来,用不同的手法进行调色美化,给人以新鲜的视觉。通过加入航拍、GIF 动图、H5、长图、条漫、短视频等，丰富画面，融入故事性，让文章的可读性变得更强。

第三，运用"好给力""点赞""打 call"等新时代年轻受众喜闻乐见的网络新词汇、新语体，使新媒体语言获得旺盛的生命力，调动文章的活力。再把劳动教育实践基地内一些行业词汇、专业术语，进行通俗化的"翻译"，将大众民间俗语、谚语词汇融入稿件写作中，可以增强亲和力，兼具故事性、戏剧性。

第四，需要用原创作品提升劳动教育实践基地品位。劳动教育实践基地公众号的生命力主要在于讲述劳动教育实践基地自己的故事，只有独家专题报道才更具吸引力，更加有人气，才值得推广，也才能满足广大师生和众多用户的信息需求。

（二）推出短视频展示劳动过程

（1）巧用自媒体短视频应充分挖掘劳动教育实践基地的亮点，捕捉学生在劳动实践过程中的精彩瞬间。例如，拍摄"最美劳动能手""非遗劳动周"系列短视频在公众号、微博、抖音平台播放，传播劳动精神，提升劳动实践对观众的吸引力，在社会产生"劳动最光荣"的宣传效果。

（2）采用视频直播的方式对基地进行宣传推广。例如，视频直播"劳模进基地"主题活动、"新时代劳动精神"宣讲会等活动，可以极大地提高劳动教育实践基地的受关注度。譬如，桂林市胜利小学唐文慧老师录制劳动教育实践基地短视频《胜利劳动教育实践基地升级改造换新颜》，面向社会宣传学校劳动教育实践基地。

图 12-2　胜利劳动教育实践基地介绍短视频截图　作者：唐文慧

项目十二　宣传推广劳动教育实践基地

任务回顾

请举例说明，在劳动教育实践中可利用哪些新媒体方式宣传劳动教育实践基地？

任务三　借用广播、电视宣传推广

任务导入

广播、电视是视听合一的媒介，能直观、生动、形象地传达信息。生动的形象和丰富多彩的节目形态，容易引起受众的共鸣，尤其是广播电视广告，可以加深受众的印象与记忆。

广播、电视广告覆盖率高，受众范围广泛，层次多样，渗透性很强。广播、电视节目具有当面交流的亲切感，所以受众基本上不存在抗拒心理，信息比较容易被接收。

请思考：

根据广播、电视的媒体特点，你认为电视台媒体宣传推广劳动教育实践基地具有哪些好处？

任务实施

一、利用广播、电视栏目展示学生风采

广播、电视属于国家主流媒体，具有强大传播力、引导力、影响力和公信力。广播、电视具有传播速度快、信息量大、记录真实场景、图声字立体、能迅速吸引受众注意力、极具表现力和感染力等特点。借助广播电视宣传劳动教育，能快速形成网上网下同心圆，使学校师生、家长在劳动精神、劳动理念、劳动美德上紧紧团结在一起，让劳动教育的正能量更强劲、主旋律更

— 279 —

高昂，为劳动教育活动的开展提供更强大的精神力量和舆论支持。

通过广播、电视宣传劳动教育实践基地，记录劳动实践真实场景，重点关注学生在劳动实践中如何树立正确的劳动价值观，如何养成良好的劳动习惯、优秀的劳动品质、培育积极的劳动精神等。利用电视台宣传，让更多的学生及家长对劳动实践产生关注，展示学生的劳动风采。

还可以结合学生及家长感兴趣的劳动项目和热点话题，利用电视台进行全程记录和宣传报道。

典型案例

浙师大附中劳动教育实践基地水稻成熟收割

浙师大附中开辟东莱稼园劳动教育实践基地，让学生在课余时间进行劳动实践，锻炼劳动能力，培养劳动精神。近日，基地种植的水稻已硕果累累，老师和同学们一起走进劳动教育实践基地，在稻田里挥汗如雨收割水稻，共同分享丰收的喜悦。

当天40℃的高温挡不住同学们劳动的热情，大家手握镰刀撸起袖子加油干，现场一副热火朝天的劳动画面。经过几个小时的辛苦劳作，成片的金色水稻被收割完毕，空气中弥漫着稻花的香味。

每一粒脱出壳的稻谷，都饱含着辛勤的汗水。实践劳动，让同学们体会到真正意义上的"谁知盘中餐，粒粒皆辛苦"。走进田间地头的劳动大课堂，让同学们备受教育。

（案例来源于金华广播电视台2022年8月17日新闻）

二、利用广播、电视宣传推广劳动教育实践基地品牌

广播、电视媒体可以采用新闻直播、新闻专题、采访等形式，对劳动教育实践基地开展的实践活动、品牌文化、基地建设等进行客观、全面、详细的新闻报道，即时播出，吸引学生和家长的关注。利用广播、电视媒体宣传推广劳动教育实践基地品牌可起到如下作用。

项目十二 宣传推广劳动教育实践基地

（一）提高品牌知名度

广播、电视作为较为广泛的传媒形式，具有强大的传播力。通过广播、电视台的宣传推广，特别是在重要的传统节日，对劳动教育实践基地相关实践活动进行新闻报道，可以迅速地提高品牌知名度，扩大品牌影响范围，从而增强品牌认知度，吸引更多的学生来到劳动教育实践基地参加劳动实践活动。

（二）塑造品牌形象

通过广播、电视媒体的语言文字宣传等方式，塑造劳动教育实践基地形象，传递劳动教育实践基地品牌文化、品牌价值观和核心竞争力等信息。此外，劳动教育实践基地在举办实践活动的同时，还应体现出社会责任感和公益形象，通过广播、电视媒体的传播，可以进一步强化品牌良好的社会形象和公众信任度。

（三）提升行业竞争力

广播、电视媒体的推广宣传可以将劳动教育实践基地的自身优势充分展现出来，从而使其在受众群体中树立起良好的口碑，吸引更多社会关注度，在行业中保持核心竞争力。

例如，打造"非遗传承"劳动教育实践基地品牌，协同广播、电视台推出"故乡的非遗技艺""非遗传承小能手展播""非遗成果鉴赏"等栏目，把学生学习非遗技艺的劳动过程呈现给观众，充分展示学生的核心素养。

譬如，湖南教育电视台报道：朝阳小学劳动实践基地；渭南广播电视台报道：让基地成为学生劳动的乐园——合阳县中小学生综合实践基地全力开创劳动教育实践新局面；湖北教育新闻报道：别样的劳动教育——武昌理工学院1200余名大学生下乡支农；太原广播电视台报道：山西公示首批省级大中小学生劳动教育实践基地名单，这些都是电视新闻媒体宣传劳动教育实践基地品牌的主流方式。再如，中国农业大学与人民大学率先落实国家加强新时代劳动教育工作要求，合作开展本科生劳动教育实践，得到了新华社和央视频等中央媒体的重点报道，相关阅读量已达150余万次，引发社会广泛关注。

任务回顾

利用广播、电视媒体宣传推广劳动教育实践基地品牌有什么作用?

任务四　利用报刊、网站宣传推广

任务导入

报纸传播的优势:

(1) 传播面广。报纸发行量大，触及面广。同时，由于报纸可以互相传阅，因此看报的实际人数大大超过报纸发行数。

(2) 传播迅速。报纸一般都有自己的发行网和发行对象，因而投递迅速准确。

(3) 具有新闻性，阅读率较高。报纸能较充分地处理信息资料，使报道的内容更为深入细致。另外，权威性的报纸更增加了公众对其传播信息的信任感。

(4) 文字表现力强。

(5) 便于保存和查找。

(6) 报纸传播费用较低。

请思考:

(1) 如何利用报刊宣传劳动教育实践基地?

(2) 在官方网站宣传劳动教育实践基地有哪些传播优势?

任务实施

报刊、网站也属于国家主流媒体。劳动教育实践基地要抓住主流媒体发展的趋势，利用主流媒体发展的有益成果，将劳动教育汇入主流意识形态宣传劳

项目十二 宣传推广劳动教育实践基地

动教育的同一条河流，乘坐同一班劳动教育高速列车，同唱一首劳动赞歌。

一、刊登推文宣传劳动教育实践基地

报刊、网站以文字或图文结合的方式展示宣传内容，便于反复阅读和传阅，宣传效果持久，在公信力与权威方面有一定的优势。劳动教育实践基地可以借助报纸、杂志、网站等媒体刊登广告推文达到宣传的目的。

宣传推文的编排应图文并茂，设计精练的文字、亮眼的插图、巧妙的活动标题及丰富有趣的课程内容策划，能较好地实现宣传推广的目的。

二、报道劳动教育实践基地特色劳动课程

利用报刊、网站进行宣传要重点介绍劳动教育实践基地的特色课程，将基地美丽的自然风貌、优越的教学环境、安全的服务设施、优秀的指导教师、完整的教学过程、规范的劳动教育服务等自身优势呈现出来。譬如，中国教育新闻网对湖南江华瑶族自治县中小学拓展劳动教育的报道。

再如，2022年8月24日，《中国教育报》02版以《西南大学将劳动教育纳入人才培养全过程——在大学生心中播下崇尚劳动的种子》为题刊发文章，肯定了学校将劳动教育纳入人才培养全过程的发展路径。

三、报道劳动教育实践基地优秀的指导教师和教辅人员

基地里发生的劳动实践指导教师或优秀或感人的故事，涌现的许许多多的教辅人的感人事迹，对基地良好形象的塑造有着重要的作用。基地要把劳动实践之中这些感人的故事、劳动的美德融入报纸、杂志、媒体、网站，激发受众群体对劳动实践的热情和对基地的浓厚兴趣，吸引学生、家长、广大网民和读者共同到劳动教育实践基地参与、体验劳动实践的乐趣。

任务回顾

如何利用报刊、网站宣传劳动教育实践基地课程？

项目实训

结合基地实际，策划并撰写劳动教育实践基地宣传推广方案。

参考文献

1. 国家市场监督管理总局，中国国家标准化管理委员会.智慧校园总体框架（GB/T 36342—2018）.

2. 李岑虎.新时代劳动教育课程设计［M］.北京：旅游教育出版社，2021.

3. 中华人民共和国教育部.义务教育劳动课程标准（2022年版）［M］.北京：北京师范大学出版社，2022.

4. 中华人民共和国教育部.大中小学劳动教育指导纲要（试行）［M］.北京：北京师范大学出版社，2020.

5. 顾建军.义务教育劳动课程标准（2022年版）解读［M］.北京：北京师范大学出版社，2022.

6. 郝志军.大中小学劳动教育指导纲要（试行）解读［M］.北京：北京师范大学出版社，2021.

7. 叶娅丽，边喜英，李岑虎.研学旅行基（营）地服务与管理［M］.北京：旅游教育出版社，2023.

8. 陈瑾.劳动技术课程资源开发与整合应用［J］.小学科学：教师，2019（04）：173.

9. 翟素琴.初中劳动技术课程资源的开发探究［J］.视界观，2020（09）：1.